**MATERIALS INFORMATION**

Prologue

방수와 단열의 ISSUE를 찾아서

이번 시즌 주제를 '단열'과 '방수'로 정하면서, 사실 두려움보다는 설렘이 앞섰다. 오랫동안 건축전문기자로 활동하면서, 주로 건축의 관념적이거나 시의적인 주제를 풀어내는 데에 익숙하다 보니, 조금 더 현장의 깊숙한 이야기에 목말랐기 때문이다. 아무리 건축학과를 졸업하고 대학원에서 이론까지 공부했다고 하더라도, 단열이나 방수와 같은 구체적이고 실용적인 지식에는 어둑한 게 사실이었다. 건축학과에서 설계 개념 위주의 수업을 받아온 이유도 있을 것이고, 실제 시공 현장을 경험하지 못한 탓도 있을 것이다. 하지만 생각해보면 단열과 방수는 건물에서 가장 기본이 되는 기능으로서 사용자 입장에서는 그 무엇보다 중요한 화두인 것에 비해, 늘 설계와 시공 사이에서 누군가가 해결해야 할 어떤 것으로 취급되어져 온 건 아닐까? 방수 편 서문에서 발행인 윤재선이 언급한 것처럼, "누군가 그렸던, 혹은 과거부터 이어져 온 상세도만 모사하는 수준으로 방수와 단열을 처리하니, 이후 맞닥뜨린 현장에서도 시공품질은 온전히 시공자의 숙련도와 양심에 기댈 수밖에 없는 것이 현실"이다.

아무튼 '단열'과 '방수'라는 두 주제를 앞에 두고, 이번 기회에 이 분야를 한번 격파해 보리라, 오만을 부렸다. 한 에디터는 실제로 자신이 살고 있는 집의 결로 문제를 제대로 파헤치고, 책이 나올 때쯤이면 거뜬히 해결할 수 있을 것 같다는 자신감도 내비쳤다. 하지만 두 달 여 간의 리서치와 수 개월의 취재 과정에서 우리는 계속 낙심하고 좌절할 수 밖에 없었다. 아무리 리서치라고 해도, 어떤 기준이나 기본서가 있어야 출발을 할 수 있을 것인데, 인터넷에 파편적으로 떠도는 정보들은 서로 상충하기도 하고, 연결되기 어려웠다. 그럼에도 불구하고, 방대한 정보를 모아 들여다보니 몇 가지 줄기는 잡을 수 있었다.

이번 GARM의 단열, 방수 편에서는 교과서나 학문서처럼 모든 정보를 집대성하기보다, 기본적인 정보 정리와 단열과 방수에 관한 중요한 ISSUE를 걸러내어 보여주려고 했다. 이를 테면, '단열재는 두꺼울수록 효과적일까?', '설계자를 위한 열교 취약 체크 노트', '옥상은 내단열 해야 하나? 외단열 해야 하나?', '창호와 단열의 관계', '방수에서 건물의 입지에 따라 고려해야 할 점은?', '방수시공에서 반드시 지켜야 하는 방수 방법, 흔한 실수', '방수 기술, 현재 어디까지 왔을까' 등은 구전처럼 전해오던 주먹구구식 현장 정보들을 적어도 다시 재고해볼 수 있는 길잡이가 될 수 있을 것이라 생각한다. GARM의 새로운 호를 오래 기다려주신 독자들에게 반가운 주제이기를 바라며.

-
2024년 2월
기획·편집 총괄 박세미

발행 배포_ 에잇애플㈜
First published and distributed by 8apple ltd.

GARM magazine

에잇애플 주식회사
06580 서울특별시 서초구 서래로6 B102
T: 02-537-1536
F: 02-537-1532
E-mail: info@8apple.kr
garmmagazine.com
🅞 garm_magazine
🅕 garmssi

감23 방수
GARM ISSUE 23
WATERPROOF

초판 1쇄 인쇄 2024년 2월 29일
초판 1쇄 발행 2024년 3월 13일

발행인_ 윤재선
편집장_ 박지일
기획·편집 총괄_ 박세미 | 리서치_ 공수연, 박세미, 허보경
취재·편집_ 공수연, 박세미, 윤솔희, 최은화, 허보경 | 디자인_ 그래픽스튜디오베이스
사진_ 윤현기

발행처_ 에잇애플(주)
출판등록 2017. 4. 14.(제2017-000078호)
ISBN 979-11-89485-24-5 | 979-11-89485-22-1(세트)

※
이 책은 저작권법에 따라 보호받는 저작물이므로 무단전재와 무단복제를
금지하며, 이 책 내용의 일부 또는 전부를 이용하려면 반드시 사전에
저작권자와 출판권자의 서면 동의를 받아야 합니다.

All rights reserved. No part of this publication may be reproduced,
stored in a retrieval system, or transmitted in any form or by any
means, electronic, mechanical, photocopying, recording, or
otherwise, without prior consent of the publisher.
Printed in Seoul, South Korea

GARM

감23
방수

GARM ISSUE 23
WATERPROOF

garmSSI

1
THEORY AND GENERALIZATION

16
General idea
건축물에서의 물의 흐름

22
Method
건축물 부위와 위치에 따른 방수 방식

38
Method
방수 공법의 분류

42
Type
방수 재료의 유형별 특성

48
Cause
방수 하자의 주요 유형과 원인

54
Interview
자연에서 추출한 천연 방수 페인트

60
Interview
아파트 방수 하자의 주요 원인

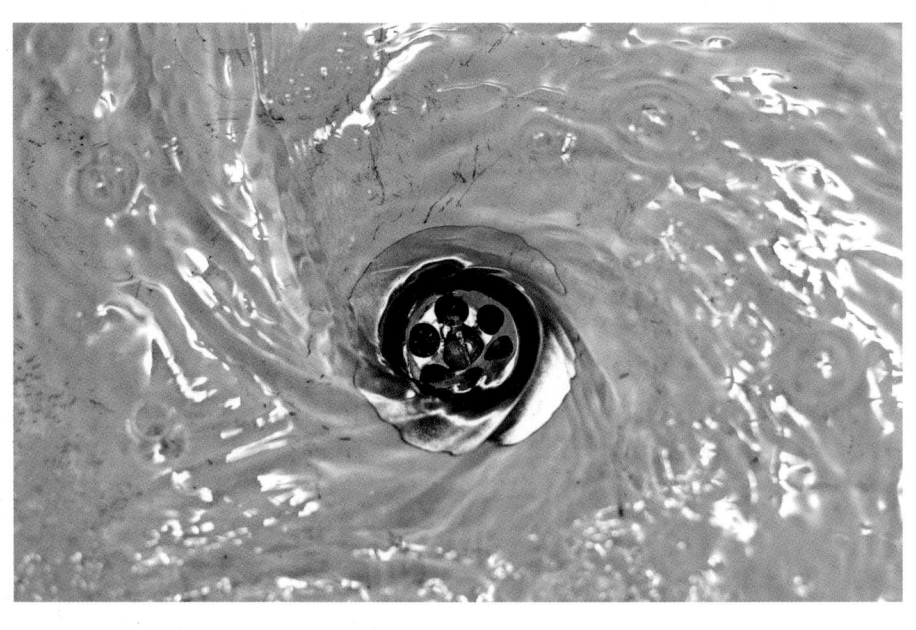

Contents

2 ISSUE

74
ISSUE 1
방수에서 건물의 입지에 따라 고려해야 할 점은?

78
ISSUE 2
바탕재에 따라 고려해야 할 점

82
ISSUE 3
방습, 방수와 종이 한 장 차이일까

86
ISSUE 4
방수시공의 순서와 방법은?

92
ISSUE 5
방수시공에서 반드시 지켜야 하는 방수 방법, 흔한 실수

98
ISSUE 6
건물의 누수 진단 방법과 해결은?

104
ISSUE 7
방수 기술, 현재 어디까지 왔을까

3 SUPPLEMENT

112 방수 재료 제조 업체

116 방수 관련 시공 업체 및 연구기관

1

THEORY AND GENERALIZATION

General idea

건축물에서의 물의 흐름

건축물에서 물은 누수, 균열 등 내구성과 관련해 여러 문제를 일으킬 수 있는 요인 중 하나이다. 그만큼 건축물은 물에 취약하지만, 건축물이 놓인 장소 또한 기후, 그리고 건축물 안에서의 생활은 물 없이는 이루어질 수 없기 때문에 '물을 어떻게 처리하느냐'가 건축물을 설계할 때 중요한 포인트가 된다. 그러므로 건축물 내부의 물의 흐름을 명확하게 제어하고 사용하는 과정을 이해할 필요가 있다. 본 지면에서는 개괄적인 물의 흐름을 이해해보자.

-

글 박세미

우수

우수(雨水)는 비로 인해 발생한 빗물로, 비가 와서 고이거나 모인 물을 의미한다. 지붕에 경사가 있는 경우 지붕을 타고 따라 흘러내려 빗물받이를 지나 우수관을 통해 하천으로 배수된다. 지붕에 경사가 없는 경우, 평지붕 혹은 옥상에 도달한 물은 루프 드레인 혹은 물끊기홈 등 다양한 설비를 통해 우수관으로 배출된다.

우수 배수 계획

우수 배수설비를 고려할 땐 전체 건축물의 우수 계획도에 맞추어 대지와 건축물 부위에 물이 흐르는 구배와 길을 형성해야 한다. 지역의 우수량 기준에 맞추어 대지 및 건축물에 모이는 우수의 양과 면적을 계산하여 물길들이 만나는 곳에 맨홀을 설치해 점검과 청소를 용이하게 한다. 이를 고려해 드레인의 크기를 정해야 오버플로우와 같은 문제를 방지할 수 있다.

우수 배수설비에는 우수 수직관, 우수용 트랩, 드레인, 빗물탱크 및 펌프, 우수받이, 물끊기홈 등이 있다.

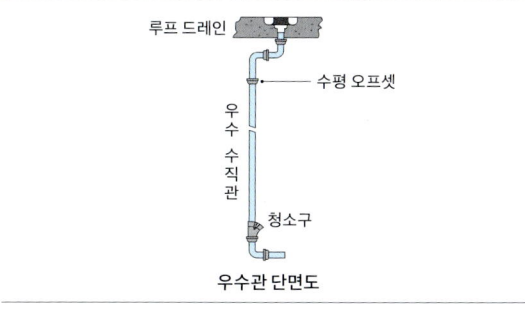

우수관 단면도

우수관
외벽에 파이프의 형태로 수직 설치된 설비.
수직관의 경우 루프 드레인과 연결되어 옥외의 배수맨홀로 이어진다.

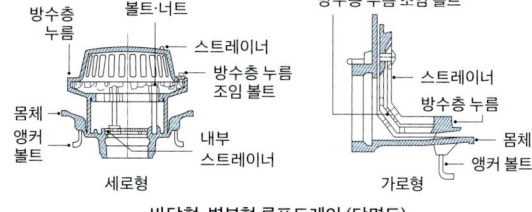

바닥형, 벽부형 루프드레인 (단면도)

루프 드레인
옥상에 설치된 배수구.
모양 및 재질에 따라 벽부형, 바닥형, 주철루프드레인, 스텐루프드레인 등으로 나뉜다.

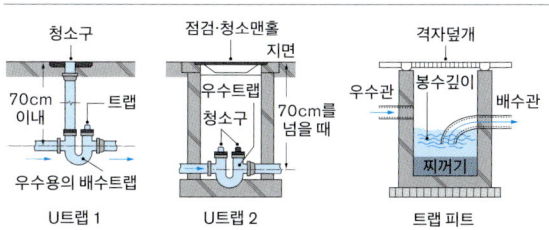

다양한 형태의 우수용 트랩

우수용 트랩
우수관을 일반배수에 합류시키는 경우 하수가스가 우수배수계통에 침입하는 것을 막기 위한 설비.
옥내의 경우 u트랩, 옥외에서는 u트랩 또는 우수받이가 사용된다.

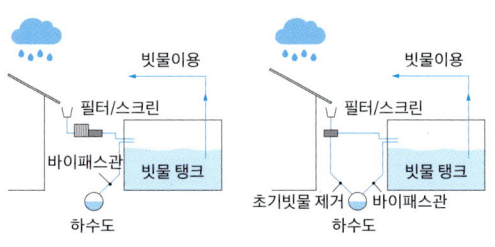

빗물 탱크
지붕으로부터 우수를 집수하여 활용하거나 하수도로 내보내기 위한 설비.
빗물 탱크가 가득 찼을 때 하수도로 흐를 수 있게 하는 바이패스관이 필요하다.

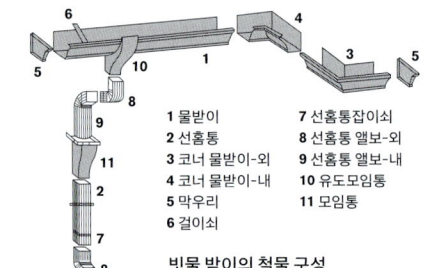

빗물 받이
지붕에 설치되어 빗물을 일정한 방향으로 유도해 건축물의 오염이나 안전사고를 예방하는 설비.
빗물을 모으는 홈통, 빗물을 지면으로 보내는 배수연결통, 꺾인 부위를 연결하는 엘보 등 여러 철물로 구성된다.

1 물받이
2 선홈통
3 코너 물받이-외
4 코너 물받이-내
5 막우리
6 걸이쇠
7 선홈통잡이쇠
8 선홈통 엘보-외
9 선홈통 엘보-내
10 유도모임통
11 모임통

빗물 받이의 철물 구성

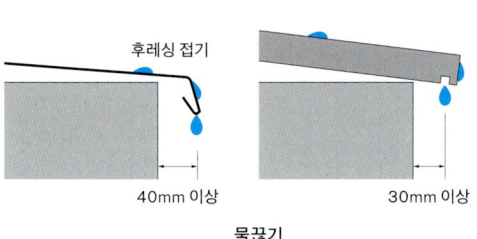

물끊기

물끊기 홈
건축물의 벽면에 빗물이 닿지 않고 지면으로 떨어지도록 하기 위해 바닥을 바라보는 수평면에 일자로 파둔 홈.
벽면으로부터의 간격이 충분하지 않으면 빗물이 그대로 벽면을 타고 흘러내려 오염, 부식을 일으킬 수 있다.

우수 배수에서의 주의점

지하가 있는 경우, 지하에 직접 우수가 유입될 수 있는 구조이기 때문에 집수정을 설치해 우수를 강제배수로 대비할 필요가 있다. 지하방수가 부실하면 지하에 누수와 결로 현상이 생길 수 있으므로, 벽에 공간층을 형성하고 배수판을 깔아 집수정으로 물을 모아 배출해주는 것이 바람직하다. 위 구조 이외에도, 우수의 경우 벽면 도막방수, 옥상 우레탄방수, 시트방수 등 빗물이 건축물과 접하는 것을 방지하는 시공방법이 다양하다.

    우수의 배수는 오수의 배수와도 연관이 있다. 우수관과 오수관을 분류하여 배관하면 분류식, 합쳐서 배관하면 합류식이 된다. 일반적인 주택의 배관은 분류식 배관을 사용하고 있다. 분류식의 경우 우수는 하천으로, 오수는 하수처리장으로 이동한다. 합류식의 경우 우수가 오수와 함께 하수처리장으로 이동한다.

상수

상수(上水)는 건축물 내에서 사용하기 위한 상수원을 의미한다. 상수는 건축물 내부에서 생활하며 사용되는 물로, 식수에도 사용되는 만큼 위생이 중요한 설비시설이다. 상수처리시설을 거친 물은 상수관을 지나 급수설비를 통해 건축물 내부로 들어오게 된다. 이때 상수를 사용하는 주방, 세탁실, 샤워실, 화장실 등 장소에 따른 적합한 방수 방식이 필요하다.

상수의 급수 방식
상수를 공급하는 '급수 설비'에는 수도직결방식, 고가수조방식, 압력탱크방식, 펌프직송방식이 있다.
        건축물의 규모, 급수시설을 사용하는 사람의 수, 관리인 유무 등에 따라 급수 방식이 달라지고, 급수방식에 따라 저수탱크, 펌프, 압력탱크 등 필요한 요소가 다르다.

---

1 수도직결방식
도로에 매설되어 있는 수도 본관에서 급수 인입관을 분기하고, 부지 내에서 건축물내의 필요한 장소에 바로 급수하는 방식.

2 고가수조방식
수위를 이용해 탱크에서 밑으로 세운 급수관으로 하향급수하는 방식.
수압이 낮을 경우 수돗물을 저수조에 저수한 후 양수펌프에 의해 건축물 옥상이나 높은 곳에 설치한 탱크로 양수한다.

3 압력탱크방식
압력 탱크의 공기압을 이용해 상향급수하는 방식.
밀폐된 탱크 내부에 펌프로 물을 압입하여 탱크 안에 있던 공기를 압축해 물에 압력을 가한다.

4 펌프직송방식
수도본관으로부터 물을 저수조에 저수한 후, 급수펌프만으로 건축물 내에 급수하는 방식.
부스터 펌프 여러대를 병렬로 연결해 배관 내의 압력을 감지하여 펌프를 운전한다.

상수도 설계에서의 주의점
상수도를 설계할 때는 비상시에 대비한 여유용량을 확보하면서도 일부 시설들이 기능상 과도하거나 과소하지 않도록 계획되어야 한다.[1] 시설은 누수가 없고 또 외부로부터 오염의 우려가 없는 구조로 되어야 하고, 재료의 선택이나 시공 등도 위생적이며 수밀성이 높은 것으로 시행되어야 한다. 상수를 다루는 수도관에 녹이 생기거나 부식될 경우 다양한 위생 문제가 발생할 수 있으므로, 특히 오존과 염소 등 물에 포함된 산화제와 항상 접하는 상수도관의 내외면에는 부식 방지가 필수적이다. 저수조 또한 복합시트, 에폭시 등으로 방수 처리해야 한다.

하수

하수(下水)는 건축물에서 음식 조리, 화장실, 세탁 등으로 쓰임을 다하고 나온 물을 의미한다. 오수와 달리 생활 중 오염된 물을 배출하는 수도이고, 건축물에서 하수관을 통해 정화조 또는 하수처리장으로 이동해 다시 상수로 정화되기 때문에 적절한 배관이 필요하다. 이를 위해 통기관, 트랩과 같은 설비를 설치한다. 더불어 배관의 관리가 용이하도록 구성하는 것이 좋다.

하수의 설비와 방수

하수설비는 건축물 내부에서 사용된 후 밖으로 내보내는 과정을 담당한다. 오염된 물을 다루기 때문에 악취 등 위생 문제에 대한 고려가 필요하며, 다시 상수로 돌아올 과정의 첫 단추로서 명확한 배관 설비가 필요하다. 하수의 설비에는 배수관, 트랩, 통기관이 있다.

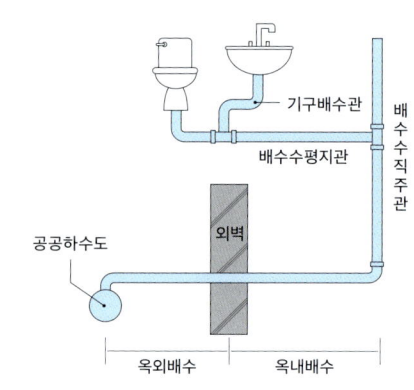

배수관
화장실 바닥, 싱크대 하수구와 같이 생활 하수를 배출하는 관. 기울기, 재질 등 이물질 관리가 용이하도록 계획하는 것이 필요하다.

배수관 구성

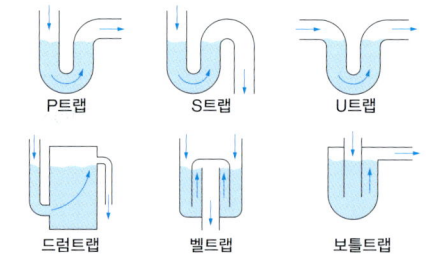

트랩
악취 문제 등 위생에 지장이 없도록 물이 고이도록 만드는 설비. 일반적으로 p자, s자 형태의 파이프로 시공하며, 사이펀트랩 등 다양한 형태가 있다.

다양한 형태의 배수관 트랩

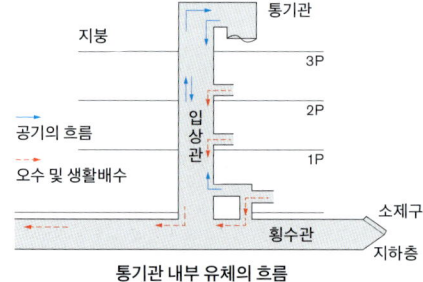

통기관
트랩의 봉수를 보호하고 배수관 내의 흐름을 원활히 하기 위해 설치한다. 원리에 따라 각개통기관, 루프통기관, 도피통기관, 신정통기관, 습윤통기관 등이 있다.

통기관 내부 유체의 흐름

하수 방수에서의 주의점

일반적으로 가정에서 사용되는 배관은 주 배관에서 만나 건축물의 집수정으로 모이거나 오수받이를 하며 연결되며, 하수관 설비 시 배관설비의 기준은 배출시키는 물의 양과 수질에 따라 그에 적정한 용량, 경사, 재질을 선택해야 한다. 또한 배수 트랩, 통기관을 설치하는 등 위생에 지장이 없도록 해야 하며, 오수에 접하는 부분은 내수재료로 사용한다. 또한 콘크리트 구조체에 매설, 관통할 경우 부식방지 조치를 하는 것이 필요하다.

1) 상수도설계기준, 2022

참고문헌
- 건축설비, 서우, p163
- 수도관 부식에 대한 잔류염소의 영향 연구, 한금석, 박영복, 김성재, 김현돈, 최영준(서울물연구원)
- 강동구의회, 의회용어사전 '상수도처리과정'
- https://council.gangdong.go.kr/kr/open/term.do?keyword=%EC%83%81%EC%88%98%EB%8F%84%EC%B2%98%EB%A6%AC%EA%B3%BC%EC%A0%95
- 상수도설계기준, 2022
- 한국상하수도협회 홈페이지

Method

건축물 부위와
위치에 따른 방수 방식

물은 아주 작은 틈새로 이동하고, 눈에 보이지 않는 수증기의 상태로 재료의 조직을 통해
침입하여, 건축물의 유지관리에 큰 영향을 끼친다. 방수에 있어 건축물의 위치와 적용 부위에
따라 적절한 대응 방식이 필요하므로, 이에 따른 개괄적인 내용을 살펴보고자 한다.

-
글 박세미

옥상

옥상의 방수 설계 시에는 비, 눈, 우박 등 강우에 의한 영향과 바람, 자외선, 공기오염 등의 외기 노출을 고려해야 한다. 이에 열, 자외선을 잘 견디는, 내후성이 강한 그리고 외기에 순응성 있는 방수 재료를 선정해야 한다. 이에 더해 방수층이 수밀화된 공법을 적극적으로 유도할 필요가 있다. 다만, 치켜올림부와 방수턱 등 돌출물 부위와 방수층의 말단부 처리에 유의하여 시공해야 할 것이다.

지붕이 평지붕인지 경사지붕인지, 옥상층에서 사람이 활동하는지, 녹화 공간이 설치되는지, 옥상 설비의 이동 및 교체가 얼마나 자주 이루어지는지에 따라서도 방수 계획은 달라진다. 다양한 고려 사항을 주의하여 적합한 방수 공법과 재료를 선택해 장기적이고, 유지관리가 용이한 방수 설계가 이루어져야 한다.

적용 가능한 공법에는 복합방수공법, 도막방수공법, 시트방수공법 등이 있고 각각 방수재의 종류에 따라서도 다양한 시공이 가능하다. 슬라브 면과 부분 절연화가 가능한 복합공법을 적용했을 때 가장 좋은 방수 성능을 기대할 수 있다.

옥상부 방수 설계 시스템

적용가능 공법	방수재 분류	방수구법	규격	적합성	추천제품
복합방수 공법	고무아스팔트 + 시트혼합계	비노출용	이중복합공법	가장 적합	류-파워텍
	우레탄 + 시트혼합계	노출용	이중복합공법	가장 적합	류-리노텍
	도막 + 방근층	비노출방식	복합공법	조경 구간에 최적	-
도막방수 공법	고무 아스팔트계	비노출방식	3.0mm	보통	합성씰
	우레탄 고무계	노출/비노출	3.0mm	보통	류-코트
	아크릴 고무계	노출/비노출	1~1.5mm	취약	하이펌
시트방수 공법	고무 아스팔트계	노출/비노출	3.0mm	취약	합성쉬트
	EPDM 고무계	노출/비노출	1~1.5mm	취약	-

① 구배

구배는 수평면에 대해 경사면의 기울어진 정도를 말한다. 즉, 옥상의 방수 설계 시 구배를 잡는다는 것은 물이 잘 빠지도록 바닥에 기울기를 만들어 배수구 쪽으로 물을 흘러 들어가게 만든다는 의미다. 설계상의 구배를 잘 설정하고, 그것이 시공에서 구현되어야 배수가 잘 이루어지므로 옥상층 방수 설계 시 구배가 잘 설정되어야 한다.

평지붕의 구배는 관성적으로 1~2% 사이를 택한다. 다만, 표준시방서에 따르면 노출도막방수공법을 택할 시 구배는 2~5%로 해야 한다. 보통 콘크리트의 물량을 최소화하기 위해 양방향으로 구배를 준다.

② 배수

옥상의 면적과 드레인(배수구)의 관경(지름), 그 지역의 최대 한 시간당 강수량을

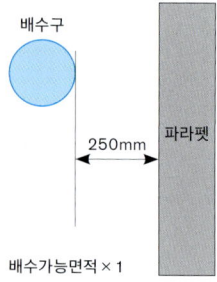

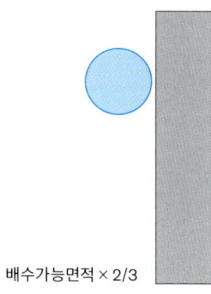

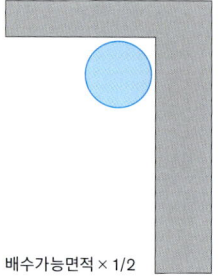

강수량을 고려한 드레인의 위치
출처: 한국패시브건축협회 홈페이지 "4-08. 지붕의 단열 - 콘크리트 평지붕의 외단열과 방수" https://www.phiko.kr/bbs/board.php?bo_table=z3_01&wr_id=3038

고려해 드레인의 크기 개수와 위치를 정해야 한다.[1] 이때 배수구의 간격과 위치에 따라 구배가 확정된다. 막히는 것을 대비하여 배수구는 최소 두 개를 만드는 것이 좋다. 옥상층에 옥탑이 있는 경우, 옥탑의 외벽면에 떨어지는 빗물의 양도 고려하여 계산해야 한다. 배수구와 파라펫의 거리는 최소 250mm를 두어야 한다. 그보다 더 가까울 경우 배수량은 더 줄고, 모서리에 배수구가 붙어있을 경우 배수 가능 면적은 1/2로 줄어든다. 대형 건물의 경우 사이포닉 방식[2]을 통해 배수량을 늘릴 수도 있다.

③ 방수
방수층 위치에 따른 공법: 노출공법과 비노출공법

노출공법_ 노출공법은 방수층을 노출해 드러내는 방식의 방수공법이다. 우레탄 도막방수, 탄성도막방수, 통기완충시트를 이용한 복합 방수공법에서 적용할 수 있다. 누수를 발견하고 보수하기에 용이하고, 바탕 거동에 비교적 안정적이라는 장점이 있다. 다만, 가혹한 외부 환경에 의해 단기 열화를 촉진하고, 외상에 약하다. 공법에 따라 차이가 있으나, 방수층의 에어 포켓air pocket으로 박리가 촉진되고, 방수층이 파단될 수 있다. 때문에 대략 4~5년의 주기마다 탑코트top coat를 다시 도포할 필요가 있다. 외기기후에 의한 영향은 공법에 따라 다소 차이가 있으나, 비노출공법에 비해 크다. 개·보수공사 시 적합한 공법이며, 내구수명은 짧은 편이다. 다만, 최근 복합공법의 개발로 성능이 나아지고 있다.

노출 복합 도막방수공법으로, 우레탄계+통기성 시트형으로 분류된다. 통기성 완충 시트와 에어 벤트[3]를 이용한 숨 쉬는 방수시스템으로, 옥상 개·보수 시나 옥상을 신축할 때 사용 가능하다. 옥상 노출 방수는 콘크리트에 균열이 나도 방수 역할을 할 수 있는 균열추종성과 함께 에어 포켓을 방지하는 탈기 기능, 그리고 장기 내구성을 보장해야 한다. 이 복합방수공법은 통기 절연용 시트를 통해 절연 시공을 하고, 벤트를 설치해 탈기 과정을 마련함으로써 부풂과 방수층의 파단을 해결했다. 건식 공법으로 공기 단축 효과를 볼 수 있고, 통기완충시트 재질이 유연하여 설치와 재단, 마무리 작업성이 용이하다.

비노출공법_ 비노출공법은 방수층을 노출하지 않는 방수 공법이다. 모든 방식의 도막방수, 시트방수, 아스팔트방수, 고무화 아스팔스 복합방수공법에서 적용가능하다. 누름층이 있어 외부 환경 변화에 안정적이고, 외부 충격이나 손상에 안전하다. 이에 방수층의 수명이 길다는 장점이 있다. 다만, 방수층이 가려져 있어 누수발견이 어렵고, 보수가 어렵다. 바탕재의 거동에도 민감하다. 신축공사 시에 가장 적합하고, 개·보수시에도 적용할 수 있다.

이 공법은 비노출용 시트와 도막방수를 복합하여 방수하는 비노출 복합방수공법이며, 고무 아스팔트계+폴리비닐시트 복합형으로 분류된다. 엠보싱 폴리비닐시트와 다공성 세라믹 열가소성 수지계 고무화 아스팔트 도막방수재를 보강하여 적층시키는 부분 절연 블록형 공법으로 구조체의 거동이나 균열 시 내균열 추종성이 뛰어나다. 주로 외부에 면하는 옥상 바닥이나 저층부 슬라브 등에 가장 적합하다. 기존의 밀착형 도막방수공법은 콘크리트면이 수축 혹은 팽창하여 방수층이 파단되거나, 햇빛으로 인한 가열에 의해 에어 포켓이 발생하고, 5mm이상의 단차가 있을 때 도막 두께가 불규칙하게 발리는 등의 문제점이 있다. 비노출 복합방수공법을 사용하면 콘크리트면의 수축, 팽창에도 방수층의 연속성을 유지할 수 있으며, 햇빛의 가열로 인한 수증기를 분산시킨다. 또한 엠보싱 폴리비닐시트를 사용해 단차에도 균일한 도막 두께를 확보할 수 있다.

옥상노출방수의 필수 요구조건

절연 — 균열추종성

+

탈기 — 에어 포켓 방지

+

방수성 — 장기 내구성 보장

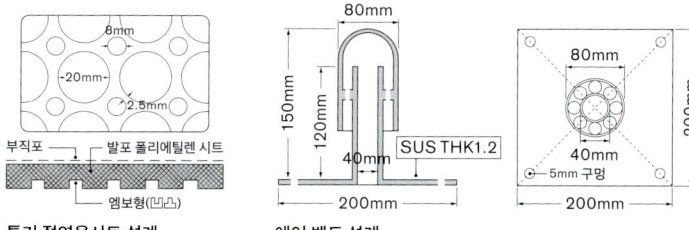

통기 절연용시트 설계 / 에어 벤트 설계

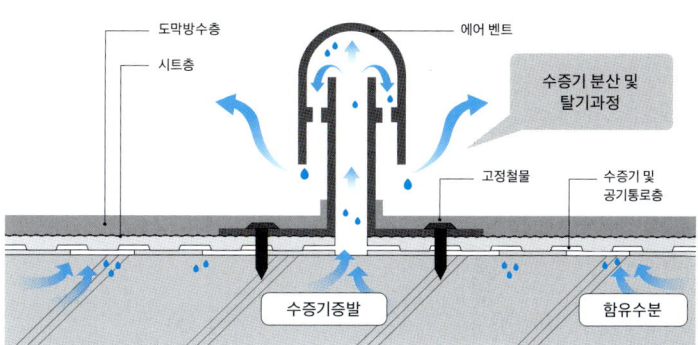

탈기설계 시스템

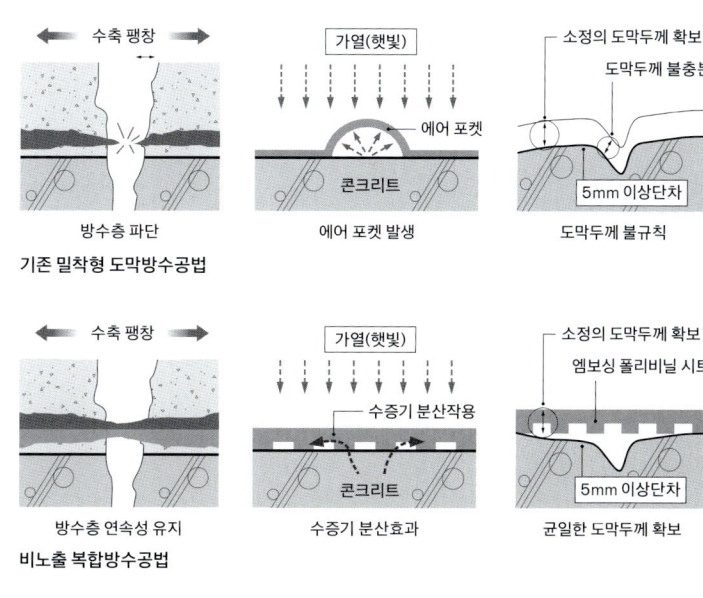

기존 밀착형 도막방수공법 / 비노출 복합방수공법

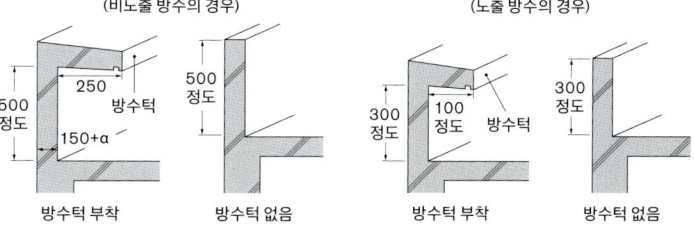

옥상 방수에서의 비노출, 노출 공법 적용시 파라펫의 최소 높이

방수층과 단열층의 위치에 따른 비교_ 옥상은 태양에 의한 복사와 직접일사에 의한 온도 차이, 자외선, 오존 등에 의해 방수층이 노화되기 쉽다. 특히, 기온의 변동에 따른 온도응력 차에 의한 연속성을 확보하지 못할 경우 접합부에 결함이 발생해 방수층에 결함이 생길 수 있다. 극한의 온도 변화에 의해 방수막 아래에 갇힌 습기가 수증기가 되어 부풀어 올라 방수막을 파열시키기도 한다. 이에 방수막 위에 단열재를 설치해 방수막을 보호하고, 증기를 부풀어 오르지 않도록 예방할 수 있다. 누름층의 신축 거동이 직접 방수층에 전달되지 않는다는 장점이 있다. 하지만, 누수 시 방수보수가 복잡하고, 단열재 품질에 따라 항상 수분이 방수층에 접하기 때문에 동절기에 방수층이 동파될 우려가 있다. 또한 단열재가 방수층을 보호하는 대신 단열성이 떨어지고, 바탕 거동에 영향을 준다.

구성	방수층의 온도차	슬라브의 온도차	단열재의 온도차
방수층 / 슬라브 / 단열층 70°C(-7°C) 69.6°C(-6.8°C) 65.8°C(-4.4°C) 29.6°C(17.8°C)	70-(-7)= 77°C	69.6-(-6.8)= 76.4°C	65.8-(-4.4)= 70.2°C
방수층 / 단열층 / 슬라브 70°C(-7°C) 69.6°C(-6.8°C) 33.5°C(15.4°C) 29.6°C(17.8°C)	70-(-7)= 77°C	33.5-15.4= 18.1°C	69.6-(-6.8)= 76.4°C
단열층 / 방수층 / 슬라브 69.6°C(-6.8°C) 33.8°C(15.2°C) 33.4°C(15.6°C) 29.5°C(17.8°C)	33.8-15.2= 18.6°C	33.4-15.5= 17.9°C	69.6-(-6.8)= 76.4°C

옥상 단열재의 위치에 따른 각부의 온도 변화

완경사지붕과 급경사지붕의 방수공법

완경사지붕_ 완경사지붕은 그 경사도가 2:12나 17% 이하인 지붕으로 정의된다. 완경사지붕에서 물은 스스로 배수되지 않기 때문에 섬세한 설계, 시공이 필요하고, 지붕방수막의 방수 성능이 뛰어나야 한다. 하지만 잘 설치되기만 한다면, 저렴한 비용으로 지붕을 만들 수 있고, 발코니, 데크, 안뜰이나 조경정원으로 사용할 수 있다는 장점이 있다.

완경사지붕의 경우 방수시트를 사용하여 표면을 완전히 덮는 방수법이 일반적이다. 외기에 노출된 곳에서 효과적인 방수성을 제공하는 재료를 선택해야 한다. 많이 사용하는 방수 재료로는 비트민 방수시트Bituminouse Membrane Sheet 4), PVC 방수시트5), TPO 방수시트Thermoplastic Polyolefin Sheet, EPDM 방수시트Ethylene Propylene Diene Monomer 6) 등이 있다.

완경사지붕에 방수막을 사용하기도 하는데, 아스팔트 지붕방수막, 단일층 지붕방수막, 액체를 첨가한 지붕방수막 이 3가지 범주로 구분할 수 있다. 완경사지붕에서 방수막은 습기차단막으로서도 기능한다. 하지만, 단열재가 방수막 아래에 위치할 경우, 추운 기후대에 건물을 짓거나 습도가 높은 내부공간을 밀폐하고자 한다면 별도의 습기차단막이 시공되어야 한다.

급경사지붕_ 2:12(17%)나 17% 그 이상의 경사도를 가진 지붕을 급경사지붕이라 한다. 급경사지붕에서 배수는 지붕의 경사에 의해 작용하는 중력으로 스스로

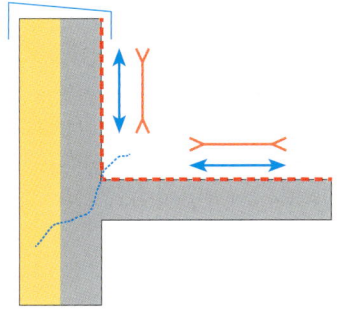

건축물의 코너부의 변형

물을 배수시킨다. 이처럼 지붕 재료를 통한 수분 유출입 가능성이 낮기 때문에 지붕은 다양한 재료로 마감될 수 있다. 급경사지붕의 경우 경사지붕용 방수시트를 사용하거나, 투습방수지를 설치한다. 급경사지붕의 재료인 기와, 쉥글, 슬레이트, 타일 등의 마감재에 습기 침투를 막기 위해 부분적으로 방수 재료를 사용하기도 한다.

추운 지방에서는 처마에 얼음댐이 생기기도 하는데, 처마를 따라 고무성 깔개와 같은 얼음차단 재료를 설치하면 갇힌 물이 건물 내부로 들어가는 것을 예방할 수 있다.

④ 재료 간 절연

스스로 물을 배수처리 가능한 급경사지붕과 다르게 완경사지붕에서는 지붕방수막이 건물 내부로의 수분 침투를 막고, 지붕 배수로, 홈통 등 배수 관련 요소들이 방수막을 타고 흐른 물을 제거한다. 때문에 방수막의 가장자리나 이음부가 생기고, 이에 신경 써 방수 설계가 이루어져야 한다. 이를 위해 신축줄눈, 단부 완충재, 층간절연, 절연시트층 등을 사용한다.

특히 치켜올림부와 방수턱 등 돌출물 부위의 코너부는 수직과 수평이 만나는 부위로, 슬라브는 수평 방향, 파라펫은 수직 방향으로 수축과 팽창을 반복하기 때문에 변형이 매우 크다. 이러한 모서리의 변형을 고려하여 방수층의 파단을 예방해야 한다.

이는 모든 코너부를 둔각처리함으로써 예방할 수 있다. 모서리 처리를 위한 전용 암면단열재를 사용하거나, 여러 재료를 활용해 삼각형 형태를 만들어 사용할 수 있다. 모서리의 삼각형은 최소 20×20mm 이상이어야 한다. 둔각처리는 파라펫 하부만이 아닌 외벽과 평지붕이 만나는 모든 직각구간에서 이루어져야 한다.

또한 파라펫의 치켜올림치수가 부족할 경우, 누수가 생길 수 있다. 치수가 200m 이하일 경우, 치켜올림부의 방수시공이 어려워져 끝단부와 접합부에 불량이 생기는 등 불완전한 시공이 되기 쉽다는 점도 영향이 있다. 때문에 방수 마무리를 고려하여 골조의 형상과 파라펫 높이를 검토할 필요가 있다. 또한 치켜올림의 높이는 바닥레벨이 아닌, 물 위의 레벨을 기준으로 해야한다. 보통 물 위의 평지 마감끝부터 250mm를 잡고, 한랭지의 경우 적설량을 고려해 450mm 이상으로 한다. 옥탑 주위 또한 동일한 레벨로 턱 콘크리트를 설치하는 것이 좋다.

벽

외벽은 비, 눈, 우박과 같은 형태의 강수가 실내로 침투하지 못하도록 하는 건물의 구조체이다. 때문에 외벽의 방수 작업은 벽 구조의 내구성과 안정성을 유지하는 데 중요하다. 벽의 각 개구부를 자체적으로 작은 지붕을 통해 보호하지 않을 경우, 개구부 근처의 벽이 젖게 된다. 개구부의 이음새를 완벽히 차폐하는 방식의 방수 처리가 가능할 수 있으나, 각 부재들이 결합되는 이음부는 완벽히 차폐되지 않을 가능성이 높다. 또한 외기에 노출되거나 급격한 온도변화의 힘에 의해 조기 열화를 겪을 수도 있다. 이러한 문제들을 고려하여 외벽의 방수 계획을 세워야 한다.

외벽 방수 설계 방법: ① 벽차단 접근법

밀봉이음부 설계_ 대부분의 외벽시스템은 개구부의 이음새를 차폐하기 위해 밀봉이음을 필요로 한다. 벽 표면에서 수분차단막을 사용해 밀봉하기도 하고, 수분차단막을 사용하지 않을 경우 표면 안쪽의 공기차단막의 이음부를 밀봉하기 위해서 밀봉이음부를 사용한다. 밀봉재를 통해 벽의 각 부재들 간의 이음부를 채워 수분 및 공기의 흐름을 막는다. 밀봉재는 추가로 부재 간의 오차와 신축을 견딜 수 있게 돕는다. 밀봉이음부의 폭은 재료에 따라 보통 9~19mm이다. 다만, 최소 6m, 최대 25mm 이상으로도 설계가 가능하다.

밀봉재는 주로 커튼월에서 돌이나 프리캐스트 콘크리트 패널간 이음부나 벽돌 커튼월의 선반 앵글 아래의 이음부를 차폐시키기 위해 사용된다. 또 금속 및 유리 외상시스템으로 조적벽을 마감한 경우 등에서 이질적인 재료 간 이음부를 차폐하기 위해서도 사용된다.

밀봉재의 종류

밀봉 방식	종류	확장(신장과 압착) 능력	적용 부위	수축 정도	예
주입식 밀봉재료	저확장성 밀봉재 (=코킹)	이음부 폭의 5% 내외	조그만 균열, 고정된 이음부 채울 때	수분, 유기물 용제가 증발에 의한 경화, 현저히 수축	-
	중간 확장성 밀봉재	이음부 폭의 5~10% 내외	외벽 시스템 밀봉에는 사용하지 않음	수분이나 유기물 용제의 증발에 의한 경화, 약간 수축	부틸고무, 아크릴 등
	고확장성 밀봉재	이음부 폭의 최대 50~100%까지	외벽의 작용(working) 이음부	화학적 경화, 수축 없음	폴리설파이드, 폴리우레탄, 실리콘
고체 밀봉재료	개스킷	스트립에 의해 팽창	-	-	-
	선성형된 셀룰러 테이프 밀봉재+유향 밀봉재	원래 부피의 ⅙~⅕로 압착되어 배달됨. 스트립 설치 후 팽창.	-	화학적 경화, 수축 없음	-
	선선형된 고체 테이프 밀봉재		겹이음부 (lap joint)		두꺼운 점착성 폴리부텐, 폴리이소부틸렌 띠

주입식 밀봉이음부를 설계할 때에는 다음의 원칙을 고려해야 한다. 첫째, 이음부 양쪽의 재료의 팽창계수를 고려하여 밀봉재를 선택한다. 둘째, 설치되는 장소의 기후를 고려한다. 동일한 밀봉재라도 추운 기후에서 설치될 경우, 무더운 기후에 설치될 때에 비해 일생동안 더 적게 팽창하지만, 그 기후의 여름철에는 더 많이 압착해야 한다. 마지막으로는, 밀봉재를 설치할 때에 이음부를 세심히 닦아내고 적절한 비율로 삽입해야 한다. 이음부의 기름, 먼지, 산화물, 수분, 또는 콘크리트 거푸집 분리 혼합액 등을 세심하게 닦아내지 않으면 점착성이 떨어져 밀봉재가 제대로 기능하지 못한다. 밀봉재와 재료간 점착성을 추가로 개선시키고 싶다면 한 겹의 도장을 입힌 후, 보조 막대기를 삽입하는 방법이 있다. 보조 막대기는 원통형의 플라스틱 폼 스트립으로, 직경은 이음부 폭보다 조금 더 큰 것을 선택한다. 이는 밀봉재의 삽입 깊이를 제한하여 밀봉재의 삽입 비율을 최적화하고,

밀봉재의 낭비를 막는다. 밀봉재의 삽입 후 밀봉재를 다듬어주어 양쪽 표면과 보조 막대기에 완전히 밀착되도록 해야 한다. 보조 막대기는 이 다듬는 과정에서 밀봉재의 모양을 잡아주는 것을 끝으로 역할을 다하여, 접근 불가능한 상태로 이음부 내에 남아있게 된다.

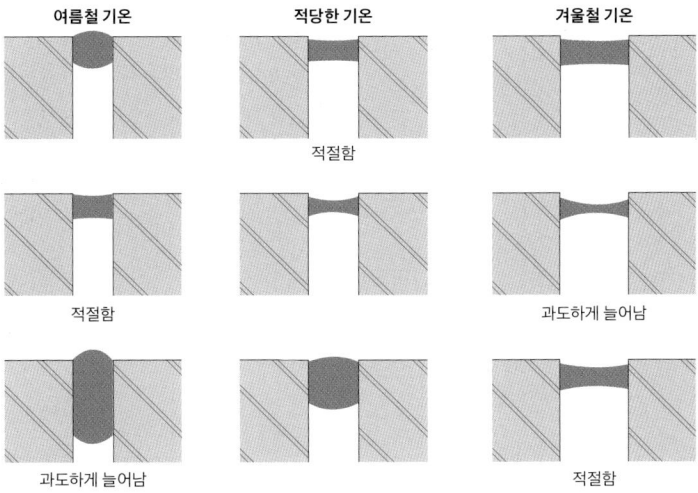

밀봉이음부 설계의 잘된 예와 잘못된 예

외벽 방수 설계 방법: ② 물끊기
이음부의 기하구조를 조작하여 수분차단막이나 밀봉이음부 등의 조기 열화를 예방할 수 있다. 수분을 이동시키는 다섯 가지 힘 중 중력, 운동에너지, 표면장력, 모세관 작용에 대해 대비할 수 있는 방법이다.

중력_ 중력은 벽이 건물 안쪽으로 기울어진 경사가 있을 때 실내로 유입된다. 이를 해결하기 위해서는 단순히 경사진 평면이 존재하지 않도록 외벽시스템을 설계하는 것이다. 이음부 내부 표면을 바깥쪽으로 경사지게 설계할 때 이 경사를 '와시wash'라고 부른다. 다만, 설계에 최선을 다했음에도 느슨한 개스킷이나 잘못 삽입된 밀봉제에 의해 중력에 의한 수분 유입이 발생하기도 한다.
모멘트_ 떨어지는 빗방울의 모멘트는 벽을 완전히 관통하는 방향의 적절한 구멍이 있을 경우에만 수분을 유입시킬 수 있다. 이는 외벽의 각 이음부에 덮개를 부착하거나, 이음부를 미로같이 설계하여 예방할 수 있다.
표면장력_ 수분은 자신의 표면장력에 의해 외장 부재의 밑면에 달라붙어 건물 속으로 유입된다. 수분이 달라붙을 수 있는 모든 밑면에 낙수 홀을 만들어 예방할 수 있다.
모세관 작용_ 물방울에 의해 표면장력 효과가 일어날 수 있는 모든 개구부에서 수분이 끌어당겨져 유입되는 힘을 모세관 작용이라 한다. 조적벽의 세공을 통해 물이 흡수되는 주요한 힘이다. 벽 내부에서 물방울의 표면장력 효과가 일어날 수 없도록 각 개구부를 넓게 만들거나, 개구부 내부 어딘가에 모세관 차단 홈을 만들어 예방할 수 있다. 벽돌과 같은 다공성 재료에서는 수분과 벽돌 내 세공 표면 사이에 접착력이 발생하지 않도록 실리콘 기반의 수분억제 피막을 입혀야 한다.

외벽 방수 설계 방법: ③ 이음부의 바람 흐름 조작
압력균일벽 설계_ 공기압 차이는 외벽의 방수 설계를 하는 데 있어 가장 까다로운 힘이다. 이는 압력균일벽을 설계함으로써 예방할 수 있다. 이음부 내외부의 공기압 차이는 이음부를 통한 수분이동을 일으키는 공기흐름을 유도한다. 압력균일벽은 이음부 후미 구역을 압력균일 공간(PEC)으로 만들어 공기흐름을 차단하는 것이다. 바람이 건물 표면에 휘몰아칠 때에 이음부에서 일어나는 공기흐름은 PEC 내부의 압력을 벽 외부 압력과 같아질 때까지 상승시킨 후 사라진다. 이렇게 소량의 공기가 시스템 내부의 이음부를 순환하는데, 이러한 흐름은 너무 약해서 수분을 운반하지 못한다. 때문에 공기차단막의 결함은 수분누출로 이어지지 않는다. 그러나, 표면의 밀봉이음부에 결함이 있다면, 수분에 의해 젖게 되므로 소량의 공기에도 수분이 누출될 수 있기에 주의해야 한다.

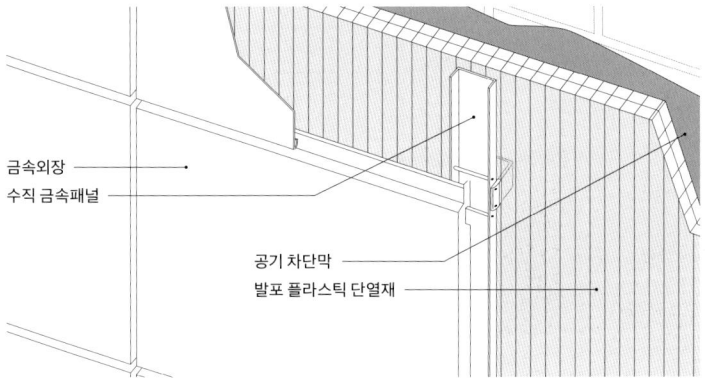

비차양, 압력균일 원칙을 적용한 외장설계

재료에 따른 방수 공법 및 재료

벽 재료	공법	방수 재료
벽돌마감	방수 시트, 방수 코팅	PVC 시트, TPO 시트, EPDM 시트
나무	목재 보호제, 밀봉이음부	실리콘 밀포제
철골	방수 시트, 시멘트 모르타르계 방수	콘크리트 모르타르에 방수제 첨가

벽돌마감 벽의 방수 계획_ 벽돌 마감의 경우 벽돌 외부에 막을 설치하거나 방수 코팅제를 사용해 누수를 방지한다. 시트 방수 공법은 치장벽돌 마감 안쪽에 방수 처리를 할 때 일반적으로 사용되는 방법 중 하나로, 비교적 간단하며 효과적이다. 방수 시트는 접합부 처리에 주의를 기울여야 한다. 접합부는 신속하고 밀착성이 높게 처리되어야 한다. 방수 코팅제는 벽돌 표면에 바르거나, 분사한다.(『GARM 02 벽돌』 참고)

나무 벽의 방수 계획_ 나무 벽에는 목재 보호제와 실리콘 밀포제를 사용한다. 목재 보호제를 목재 표면에 바르거나 분사해 누수와 습기로부터 나무 구조물을 보호한다. 실리콘 밀포제로는 나무 벽의 접합부와 구멍을 메워 누수를 방지한다.

철골 구조의 방수 계획_ 외부에 방수 시트나 막을 설치해 누수를 방지한다. 방수 시트는 구조의 외부에 설치된다. 건식 마감 구조의 외벽은 마감 안에 방수막을 설치할 수도 있다. 조적 모르타르에 방수제를 첨가하여 장마철 모세현상을 방지하는 것이다. 물이 침투했을 때에는 흘러내려 빠지게 유도하고, 공기 순환을 통해 내부를 건조시킬 수 있기 때문이다.

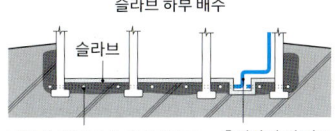

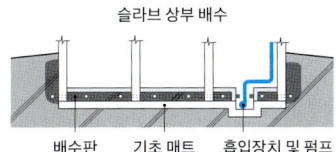

하부구조 범람 시에도 안전한 지하실 주위 및 하부 배수시스템 단면도

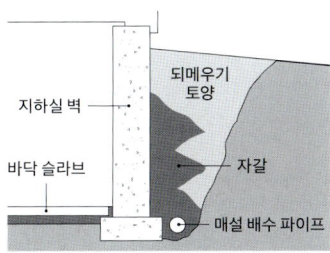

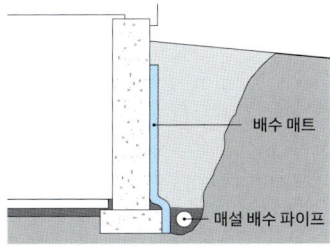

건물 하부구조 주변 수압감소를 위한 두 가지 배수기법

지하

지하층의 경우, 지하 외벽에는 자유수가, 지하 최하층에서는 경우에 따라 피압수가 항상 면해 있음을 유의해야 한다. 특히 집중호우 시에는 지하수위가 급부상할 수도 있다는 것을 고려한다. 지하의 경우 지상층과 다르게 물에 의해 정수압을 받고, 방수 부위가 수평보다는 수직부 즉, 벽체가 더 많다. 지하층의 방수를 위해서는 배수와 방수 두 가지 방법으로 접근해야 한다. 배수는 기초에서 지하수를 배출시켜, 벽 및 슬라브에 작용하는 물의 압력을 감소시킨다. 방수는 기초에 도달한 물이 내부로 침투하지 못하게 막는 장애물의 역할을 한다.

배수

주로 배수용 골재(크기가 고른 돌이나 자갈), 배수매트 및 다공성 집수관 등을 적절히 조합하여 건물 하부구조에 배수시스템을 설계한다. 배수매트는 휘어지지 않는 딱딱한 섬유, 플라스틱 계란부화실 구조, 개방적인 다공성 재료 등으로 만들어진 느슨한 매트이다. 매트의 바깥 면에는 토양입자들이 매트 내의 배수통로에 침입하지 못하도록 여과조직이 부착되어 있다. 건물에 접근하는 지하수는 매트 내의 공간을 따라 바닥에 있는 다공성의 집수관까지 떨어진다. 다공성 집수관은 주로 건물 기초의 바깥 경계를 따라 놓인다. 집수관의 직경은 100mm 또는 150mm로, 물이 중력에 의해 경사지의 낮은 지점의 공공 빗물배출시스템 또는 배수조로 흘러가도록 한다. 집수관은 지하수의 수위를 낮추기 위해 지하실 슬라브의 최소 150mm 아래에 위치한다. 지하수의 상황이 심각한 경우에는, 지하실 슬라브 아래에 파이프라인을 매설할 수도 있다.

방수

지하의 방수는 초기 단계부터 이루어지기 때문에 구조체의 품질에 따라 방수 성능이 갈리고, 공사가 완료되고 나면 접근할 수 없어 하자보수가 어렵다. 때문에 애초에 구조체에 물이 통하지 않도록 시공 단계에서 신경쓰거나, 구조체 자체의 품질을 개선할 필요가 있다. 다만 지하의 특성상 다습하고 환기가 불량하여 작업환경이 취약하다는 어려움이 있다. 전체 방수공사의 누수 문제 중 약 25% 정도가 지하층에서 발생하나, 지하층의 누수는 근본적인 해결이 어렵다. 방수는 방습과 달리 수역학적 압력 상황에서도 침수를 방지할 수 있다. 방수막은 주로 플라스틱, 아스팔트 혼합물, 또는 합성고무 등을 이용해 제조되고, 다양한 형태로 공급된다. 지하의 방수는 방수면의 위치에 따라 외방수와 내방수로 구분된다.

내방수공법

내방수는 콘크리트 구조물에 침투수를 허용하기 때문에, 지하 최하층에 배수시스템을 설계해야 한다. 저가이나 외방수에 비해 내수압을 견디는 정도가 약해 유지관리 비용이 과다 발생할 수 있다. 지하층의 내방수공법에는 침투식 액체방수공법, 침투성 도포방수공법, 액체방수공법, 벤토나이트 시트공법이 있다. 먼저, 액체방수공법은 규산질계, 칼슘계, 지방산계, 염화칼슘계 등의 여러 성분을 한 방수액에 일정의 물과 시멘트를 혼합하여 모체에 후막의 방수층을 형성하는 공법이다. 스프레이 분사기, 롤러, 고무롤러 등으로 바르며 양생이 쉽다. 복잡한 구조에서도 설치가 가능하고 완전히 양생되었을 때 마감 표면이 깨끗하게 바탕과 완전히 합체를 이룬다. 다만 현장에서 형태가 만들어지기 때문에 시공의 시공이 제대로 이루어지지 않을 우려가 있다. 이에, 표면을 깨끗하고 매끈하며 건조한 상태로 유지하는 것이 중요하다. 그렇지 않을 경우 방수층이 들뜰 우려도 높다. 모체의 균열에 약해, 고수압 부위보다는 비교적 수압이 적은 곳에 적합하다. 지하실 바닥, 벽체, 전기실, 기계실, PIT, 집수정 등에 적용 가능하다. 재료 구입이 용이하고 소규모 공사에 적합하기 때문에 시공실적이 많다는 특징이 있다.

- 침투식 액체방수공법은 메틸실리콘, PVA, 폴리머 에멀젼을 금속산화물과 혼합한 것에 시멘트와 물을 첨가하여 모체에 침투하면서도 일정량의 방수 피막을 형성하는 2중의 복합공법이다. 메틸실리콘, SBR LATEX 수지, 금속산화물을 포함하는 유기·무기 혼합식 복합형 재료를 사용한다. 이러한 2중의 방수층이 형성되기 때문에 지하수를 막는 데 효과가 크다. 주로 지하실의 바닥, 벽체, 합벽부위에 적용하는데, 합벽부위의 방수처리에 가장 이상적이다. 기존의 액체방수에 비해 공정이 간단하고, 강력한 침투효과로 방수성이 우수하다. 접착성이 우수하여 박리가 없다. 암반이나 고수압이 우려되는 부위에 가장 적합하다. 다만, 전문시공기술이 필요하고, 바탕청소 및 정리가 필수이다.

- 침투성 도포방수공법은 규산질계 분말과 폴리머 액상을 혼합하여 모체에 도포한 후 모체 공극내에서 불용성염을 생성하여 수밀화된 방수구조체를 형성하는 공법이다. 실리카 분말, 폴리머 에멀젼, 규사 등이 포함된 유기·무기 혼합식의 도포형 방수재를 사용한다. 수압이 작용하는 부위에 적합한 방수공법으로, 항상 수화결정 반응이 일어나므로 방수성이 뛰어나다. 지하실 바닥, 벽체, 전기실, 기계실, PIT, 집수정 등에 적용한다. 공정이 간단하고, 기계화 시공이 유리하다. 이에 공기 단축의 효과가 있다. 침투성이 크고, 구조체의 수밀 효과가 증가하며 이에 따라 구조체가 시간이 지나며 변화하는 정도가 작다. 다만, 침투성 도포방수공법의 방수효과를 위해서는 구조체의 수밀시공이 요구되며, 바탕청소 및 정리가 선행되어야 한다.

- 벤토나이트 시트공법은 정형화된 벤토나이트 매트를 합벽이나 옹벽에 고정시키는 공법이다. 재료는 확장성이 우수한 자연산 점토인 소듐 벤토나이트나 직포류를 사용한다. 시트는 건조한 점토 바깥에 물결모양의 판지, 지오텍스타일 조직, 또는 플라스틱 시트를 포개어 제조된다. 벤토나이트 시트는 콘크리트 지면슬라브 바로 아래에 놓이거나, 양생 전의 콘크리트벽에 부착된다. 내부 합벽, 지하층의 외방수에도 적용되는 공법이다. 외부수압에 대한 저항성이 낮고, 기후조건에 매우 민감하여 시공이 어렵다. 벤토나이트 매트가 이미 정형화되어 있어 운반이 용이하고, 건식시공이 가능하다. 다만, 고수압에 약하고 팽윤성은 있으나 균일성이 낮다. 또한 시트접합부위의 수밀성이 취약해 누수의 우려가 있다.

외방수공법
건설공사 초기부터 방수에 관한 사전 설계를 통해 본 공사보다 선행하여 이루어지는 방수 공법이다. 외방수공법은 선행방수공법과 후행방수공법으로 구분된다. 선행방수공법은 지하 외벽 구조체를 만들기 전에 연속 지중벽, 흙막이벽(토류벽), 지반 등에 먼저 방수층을 시공한 다음 콘크리트를 타설하여 구조물을 올리는 방수공법이다. 후행방수공법은 지하 외벽에 구조체를 만든 후에 구조체 바깥쪽에 직접 방수층을 설치하는 방식이다. 외방수공법은 물, 습기가 절대 배제되어야 하는 건물이나 고수압 영향이 큰 건물, 매립지역에서 사용된다. 외부 고수압에 저항성이 우수하나 고가의 공법이다. 외방수공법에서는 도막방수공법, 시트방수공법, 벤토나이트 시트공법을 사용할 수 있다.

구분	외방수		내방수
	선행방수공법	후행방수공법	내방수
방수의 신뢰성	보통	양호	나쁨
지하수압에 대한 저항성	양호	양호	나쁨
구조물 보호	양호	양호	나쁨
방습 효과	양호	양호	나쁨
작업성	보통	보통	양호

실내

실내의 방수 공법에 있어서는, 방수층을 얇고 가볍게 해 마감재료 간 친화성을 높일 필요가 있다. 접착력 좋고 신축성 있는 재료를 사용해 건식벽체에 있어서 방수 시공을 용이하게 해야 한다. 기존에는 액체방수공법을 사용했다. 방수층의 두께 단차가 생기거나 이질적인 재료 간에 접착성이 미흡해 재료 간 균열에 약하고, 방수층이 들뜨는 등 마감이 어려웠다. 또한 액체방수공법은 습식시공이기 때문에 양생이 지연되면 공기가 늘어난다는 단점이 있었다. 탄성 도막방수공법을 적용하여 이를 해결할 수 있다. 탄성 도막방수공법은 반 건식 시공으로 공기를 단축할 수 있다. 방수층 두께가 얇아 단차가 생기지 않고, 강도와 탄력성이 우수하며 이질재료와 접착성이 우수해 방수층이 들뜨지 않는다.

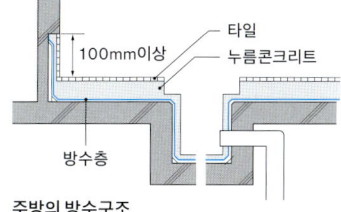

주방의 방수구조

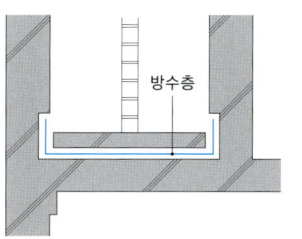

화장실에서 칸막이보다 방수를 선행한 예

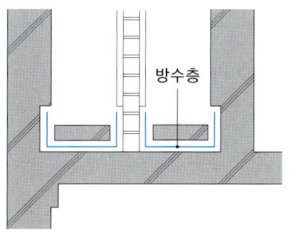

화장실에서 방수보다 칸막이를 선행한 예

주방(영업용)

주방에서는 생활수, 작업수, 청소수가 있다. 일시적으로 대량의 물이 사용되며 물방울이 높이 튄다. 기름, 당분, 소금, 산이 섞여 있고, 뜨거운 물이 있어 급탕관이 있다. 이에 배수 능력을 충분히 확보해야 하며 그리스트랩, 배관류의 고정강도를 확보해야 한다. 필요에 따라 단열처리를 할 수 있다. 가능한 2중 방수공법을 채택하고, 내약품성, 내열성이 강한 방수 재료를 사용할 필요가 있다. 방수층의 연속성을 확보하고 시공이 용이한 재료를 선택한다. 탄성도막계 또는 우레탄계의 도막방수공법이나 침투식 액체방수공법을 사용할 수 있다.

화장실

화장실에는 일반적인 생활수와, 청소수가 존재한다. 학교, 병원, 유아원 등의 경우 화장실을 물청소하기도 한다. 때문에 방수층의 일정 높이(화장실 1200~1500 이상, 샤워실 2100 이상)를 확보할 필요가 있고, 배수 및 구배관리에 신경 써야 한다. 또한 수직부 방수층의 말단부위에 단차가 없도록 해야 하며, 배관부위에

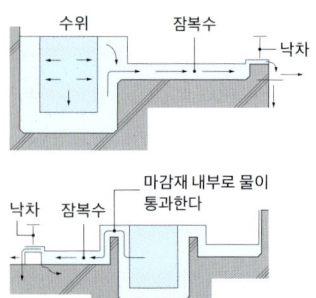

골조로 만든 욕조의 수위와 잠복수의 흐름

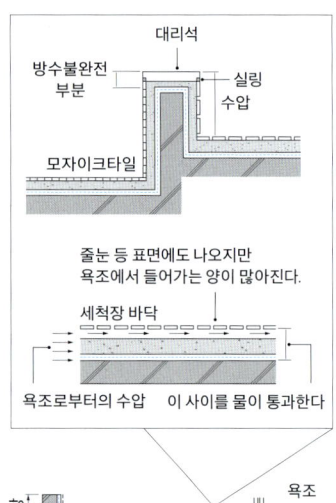

샤워실에서 쉽게 발생할 수 있는 누수

방수재를 보강하여 발라야 한다. 건식 벽체일 경우에는 바닥과 벽체의 접합부를, 조적조 구조일 경우 코너 부위 보강이 필요하다. 코너 부위의 보강은 도막방수계를 적용한다. 화장실의 방수는 침투식 액체방수공법과 탄성도막계 도막방수공법을 적용할 수 있다.

샤워실

샤워실에서는 일반 생활수가 정수압, 물방울, 흐르는 물의 형태로 존재한다. 욕조의 경우 고온수가 정수압형태로 영향을 준다. 방수층의 수직 높이(1800 이상)를 충분히 확보해야 하며, 안정적인 방수처리를 위해 복잡한 형상의 마감을 피해야 한다. 배관류는 충분한 고정강도를 확보해야 한다. 코너와 배관류의 접합부에 별도의 보강이 필요하고, 담수 후 방수에 이상이 있는지 확인해야 한다. 마감층과 방수층의 한계가 지나치게 되지 않도록 유의하며 배수 및 구배 관리에 유의하여 설계한다. 시멘트 액체방수공법과 탄성도막계 도막방수공법을 적용할 수 있다.

건물 외부

녹지

식재관리를 위해 화학비료와 방제를 사용하기 때문에 옥상녹화에 적용하는 방수층은 기존 방수층의 성능 이외에도 방근성, 내박테리아성, 내약품성을 갖추어야 한다. 또한, 토양층은 알칼리성을 띠기 때문에 내알칼리성 또한 갖추어야 한다. 방수층에 더해 식물 뿌리 및 각종 녹화로 인해 발생되는 유해 요소로부터 보호받을 수 있는 방근층을 반드시 설치해야 한다. 방수재료와 방수공법은 녹화유형과 규모, 용도 등을 고려하여 결정하는 것이 좋다.

    기존 건축물의 옥상을 녹화할 경우에는 적재하중 조건을 확인하고, 기존 방수층의 상태를 조사하여 보수의 필요 유무를 파악해야 한다. 보수가 필요할 경우, 기존 방수층을 남길지, 전면 철거할 것인지의 판단은 노화 정도와 개수 후의 옥상 이용 연수뿐 아니라 경제성 및 환경문제 등 여러 관점에서 종합적으로 검토하고 판단한다. 기존 방수층을 철거하지 않고 새로운 방수층을 다시 시공할 경우에는 기존 방수층과 신규 방수층의 연속성에 따라서 성능을 확보할 수 있는가를 살펴야 할 것이다.

    신축 건축물의 옥상을 녹화한다면 다음의 녹화 방수 설계 사례를 참고할 수 있다. 우리나라의 경우 옥상 방수층은 대체로 누름 콘크리트를 보호층으로 하는데, 이러한 관행이 녹화 시에도 이어져 누름 콘크리트 위에 녹화층을 설치한다. 외국의 경우 녹화 설계는 방수층 위에 누름 콘크리트 보호층 없이 방수층 위에 바로 방근층을 두고 녹화 공사를 시행한다.

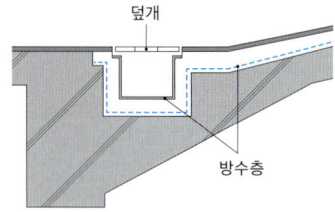

주차장 경사로 트렌치 부위 방수 구조도

기능별

물탱크와 정화조

물탱크와 정화조는 건축물 내부에서 다량의 물을 담고 있는 시설 중 하나이다. 이곳에서 누수가 발생하면 재산 피해, 환경 오염을 야기하기 때문에 수조의 종류, 용도, 설치 위치 등에 따라 적절한 방수공법을 적용하는 것이 필요하다.

정화조에는 부식성이 강한 오·폐수의 영향이 강하다. 또한, 탱크 내부에는 일정량의 정수압이 작용하고 있다. 이에, 방식성이 강한 마감코팅을 사용하고, 내마모성, 내부식성 있는 접착성 도료를 사용할 필요가 있다. 콘크리트 이어치기 부위를 보강처리 해야 하고, 환기, 조명, 결로, 안전 등 작업환경을 고려하여 설계한다. 상수를 저장하는 물탱크의 경우 수성칼라 에폭시계를 사용하며 수질기준에 적합한 것으로 방수재를 고른다. 정화조의 경우 수성 타르 에폭시계 코팅을 사용한다.

주차장

실내주차장에는 강우 시 차량에서 묻어나오는 물, 경사로에서 유입되는 물, 세차나 주차장 바닥 청소에 의한 물이 존재한다. 이에 유의하여 구배와 배수로를 구획해야 한다. 또한 자동차가 수시로 지나다니는 곳이므로 누름층 위에서 고강도의 바닥재를 선정해야 한다. 침투성 도포방수공법, 고무아스팔트계 도막방수공법, 침투식 액체방수공법을 적용할 수 있다. 지하1층 주차장은 반드시 방수가 필요하며, 트렌치내부 구배관리와 방수처리를 유의해야 한다.

기계실

기계실과 같은 중요기능실의 경우, 사고 방지를 위해 배관을 설치하지 않고, 위층의 누수까지도 검토할 필요가 있다. 중요기능실이란 '수해를 입으면 막대한 손해가 발생하는 경우', '생명에 위험을 미치는 경우' 및 '사회적 혼란을 초래하는 경우'에 해당하는 실로 각 건물마다 설계 단계에서 설정해야 한다. 4층에서 누수가 발생하여 1층에 설치된 ATM(현금자동지급기) 기계가 피해를 입은 사고가 보고된 바도 있기 때문에, 바로 위의 층뿐 아니라 옥상까지도 살필 필요가 있다.

1) 배수량은 지역별 배수계수에 따라 면적당 최대 배수량을 계산할 수 있다. 최대 배수량은 [물빠짐구멍 면적(m^2)*배수계수]으로 계산한다. 예를 들어 주거지역의 단독주택의 경우 배수계수가 0.30~0.50이므로, 지름 100mm인 물빠짐 구멍의 시간당 최대 배수량은 [50*50*3.14/1,000,000]*0.5=0.003925m^3으로 산정할 수 있다. 또한 시간 당 강수량에 따른 표준배수량 계산을 통해 물이 고이기 시작하는지 알 수 있다. 표준배수량은 [최대배수량 / 물받이 총면적*1000]으로 계산할 수 있다.
2) 사이폰 효과를 이용한 배관 시스템이다. 사이폰 현상은 유체의 위치에너지가 운동에너지로 변화하는것을 말한다. 굽어진 관의 가운데에 액을 충만시켜 한 단을 용기 안에 액을 집어넣고, 다른 한 단을 밖으로 내어 용기의 액면보다 낮게 하면, 용기 내의 액을 유출할 수 있는 원리이다. 따라서 별도의 흡입 등을 위한 장치가 없이도 배수가 가능하다.
3) 에어 벤트는 아파트, 오피스텔 등의 공기조화 시스템, 특히 냉, 중온수를 사용하는 냉난방의 입상관이나 급수탱크, 열교환기의 입상관 또는 굴곡이 심한 배관에 생기는 공기를 자동으로 연속 배출시켜 물의 순환을 원활하게 하여 부식의 원인을 차단하고 전열 효과를 극대화 한다.
4) 비트민은 끈적끈적한 반고체 또는 고체 형태의 석유이다. 방수성이 우수하여 지붕, 지하실, 교량, 지하구조물 등의 방수에 사용된다. 비트민을 롤 형태로 만들어, 방수 시트로 사용한다.
5) PVC 수지, 가소체, 안정제 및 강화섬유나 직물로 만들어졌다. 시원한 지붕에 사용되는 방사성 백색을 포함해 다양한 색상으로 이용된다. 다만, PVC 생산 및 처분과정에서 유해화학물질(특히 발암물질로 알려진 다이옥신) 방출과 관련하여 사용적합성 문제가 제기되고 있다.
6) EPDM은 합성 고무의 일종이다. 천연 고무는 햇빛과 오존에 노출되면 성능이 저하되고, 시간이 지나며 부서지기 쉽다. 그러나 EPDM은 오존, 열, 자외선 및 기후로부터 저항성이 우수한 화학구조를 가지고 있어 더 극한의 조건에서도 더 오래 지속될 수 있다. 가장 흔하게 볼 수 있는 색은 검은색 방수 시트로, TPO 방수 시트와 달리 열을 흡수한다. 대신, 지붕의 미관을 덜 신경쓸 수 있다. 다만 일부 제조사에서는 흰색으로도 이용할 수 있다. 이음매는 용접할 수 없기 때문에 테이프나 접착제를 사용해야 한다.

Method

방수공법의 분류

건물을 방수하는 방법은 구조체와의 관계를 고려할 때 크게 세 가지로 구분된다. 구조체 자체에 방수 성능을 갖게 하는 구체방수, 구조체의 안쪽에 방수층을 형성하는 내방수, 바깥쪽에 방수층을 두는 외방수다. 공법마다의 특징과 쓰임에 대해 소개한다.

-
글 최은화

자체 성능 강화: 구체방수

방수공사는 도대체 왜 해야 할까. 이 근본적인 질문에 대한 답을 찾기 위해서는 오늘날 우리가 짓고 사용하는 건축물부터 살펴볼 필요가 있다. 한 조사에 따르면 전 세계 현대건축물의 80%가 철근콘크리트로 지어지는 것으로 집계된다. 시멘트와 물, 모래, 자갈을 섞어서 만드는 콘크리트는 겉으로 보기에는 매끈한 표면을 가지고 있지만 실제로는 그렇게 밀실(密實)하지가 않다. 눈에 보이지 않는 미세한 틈과 공극들이 존재해 수분이 침투할 수 있다. 만일 콘크리트가 이러한 틈 없이 충분히 밀실하다면 물이 새지 않을 것이다. 비유하자면 흙으로 구운 도자기에서 물이 새지 않는 것과 비슷하다. 콘크리트 건물을 도자기처럼 만든다면 별도의 방수 공사는 필요하지 않을 것이다.

하지만 건축의 스케일은 크다. 콘크리트를 타설할 때 모든 부분이 충분히 밀실한지를 확인하고 조절하기란 쉽지 않다. 이때 콘크리트 자체의 방수 성능을 향상시킬 수 있는 방법이 '구체방수'다. 구체방수란 콘크리트 내 공극을 줄이고 수밀함을 높여 방수성을 부여하는 공법으로, 주로 활성 실리카처럼 시멘트의 수화로 생긴 유리 알칼리 성분과 결합하여 시멘트 경화체를 밀실한 조직으로 바꾸거나 유기계나 고분자계 재료를 혼합해 시멘트 경화체의 흡수성 및 투수성을 개선한다. 레미콘이나 모르타르 등을 제조할 때 구체방수재를 섞는 방식으로 콘크리트 성능을 향상시키는 혼화재와 비슷한 개념이다. 현재 국내에서 사용되고 있는 구체방수재는 주로 분말 형태이고 일부는 액상 형태를 띤다. 콘크리트의 투수성과 흡수성을 감소시켜 구조체에 방수성을 부여하고 구조물 전체를 방수화할 수 있다. 토공사 후 외벽 공사를 할 수 없는 부분이나 물이 많아 도막방수, 시트방수 등을 할 수 없는 부위, 수중 타설이 불가피한 곳에 쓰인다. 일반적으로 벽체 두께 700mm까지 시공이 가능하다.

구체방수의 가장 큰 장점은 비용 절감과 시공의 편리함이다. 레미콘 제조 단계에서 혼화재를 섞어 구체방수 콘크리트를 만들면 되고, 현장에서는 추가적인 방수 작업이 필요 없어 공기 단축되는 효과가 있다. 하자를 발견하고 보수하기가 용이하고, 온도 변화에 의해 균열이 발생하는 일이 적으며, 철근을 보호하고 부식을 방지한다. 콘크리트의 내구성과 내식성이 향상되고 결함을 자체적으로 치유하는 효과도 있다. 한편 각별한 주의가 필요하기도 하다. 구체방수재는 콘크리트나 모르타르 제조 시 투입되는 것이기 때문에 콘크리트나 모르타르의 물성에 영향을 최소화하는 것이 중요하다.

한편, 구체방수와 구별되는 방수공법으로 '침투성 방수'가 있다. 침투성이 강한 방수액을 콘크리트 표면에 도포하여 화학적으로 변화시켜 누수를 차단하는 원리다. 침투성 방수재는 주성분이 시멘트, 규산질 활성 실리카, 규사로 구성된 형태의 무기질계 분말형이다. 이 재료를 물 또는 에멀젼 등과 혼합하여 사용한다. 이러한 조합은 방수재 주성분인 활성 실리카와 콘크리트 조직 내의 가용성 수산화 칼슘이 반응하여 불용성의 규산칼슘수화물 및 에트링 게이트 등의 결정체를 생성시킴으로써 조직을 치밀하게 만들어 수밀성(방수성)을 향상시키는 효과를 나타낸다.

구체방수와 침투성 방수의 혼합 시공도 가능하다. 이에 관한 종래의 특허 기술은 콘크리트용 구체방수재와 액상형 침투성 방수재를 혼합 사용하여 콘크리트 구조물의 방수 성능과 강도를 향상시키는 공법을 제안한다. 1차적으로 구체방수재를 콘크리트에 혼합하여 콘크리트 구체를 치밀화시켜 성능을 개선시키고, 2차적으로 침투성 방수재를 콘크리트 위에 도포하여 방수재의 비중차를 이용해 콘크리트 내부와 외부 모두 성능을 향상시키는 방법이다.

다만 이러한 공법들이 완벽한 방수 성능을 가진다고는 보기 어렵다. 콘크리트의 공극을 줄이고 밀도를 높임으로써 재료가 갖는 본연의 한계를 일정 수준 회복한 점에서 이상적인 방수 방식이기는 하나, 일반적이지 않고 물을 차단하는 확실한 방식은 아니다. 다른 방수 공사도 하지만 보충하기 위해서 하는 정도라는 인식이 크다. 다시 말해 구체방수를 했다고 해서 방수 공사가 끝났다고 생각하는 경우는 거의 없다.

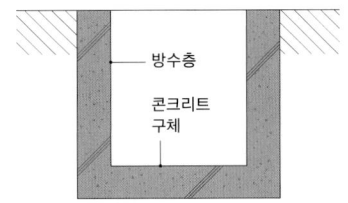

(위)내방수 개념
(아래)외방수 개념

위치에 따라: 내방수, 외방수

건물에 스며들거나 새거나 넘쳐흐르는 물을 막기 위해서는 방수층이 필요하다. 방수층은 건물 구조체의 안쪽 혹은 바깥쪽에 위치하는데 각각을 '내방수(안방수)', '외방수(바깥방수)'라고 한다. 위치에 따른 방수공법의 구분은 특히 지하에 위치하는 구조물을 대상으로 하는 지하 방수에 있어 중요하다. 내방수와 외방수에 대해서는 지하층(31쪽 참고)을 중심으로 설명을 이어가고자 한다.

내방수는 방수층을 구조체의 안쪽, 즉 실내 쪽에 시공하는 공법을 말한다. 외벽에 공간을 확보하기 어려운 도심지의 구조물, 흙막이 벽에 구조체를 붙여야 하는 합벽 건물의 지하 방수에 적용하기에 적합하다. 또한 기초의 경우에도 땅 위에 바로 콘크리트를 타설하기 때문에 외방수를 못하고 내방수를 해야 한다. 이러한 내방수에는 주로 시멘트 액체방수, 규산질계 분말형 도포방수(침투성 방수) 등이 사용되고 있다. 방수층의 위치 특성상 콘크리트 구조물에 침투수를 허용할 수밖에 없는 구조이기 때문에 최하층 바닥층에 외부로부터 침투돼 들어오는 침출수를 우물통에 모아 배수시키는 디워터링dewatering 공법1)을 취한다. 한국에서는 내방수가 주류였다. 그러나 진동, 거동으로 구조체에 균열이 발생할 수 있고 깊은 심도로 인한 수압 작용으로 지하수가 유입되는 누수 사고가 발생할 수 있다. 외부에서 물이 계속해서 들어오는 만큼, 제 아무리 안에서 잘 막는다고 하더라도 내방수 방식으로는 한계가 있다. 디워터링 시스템에 의해 우물통으로 주변부의 물이 다 유입되면 지상층을 받치는 수압이 함께 유입돼 물이 채워주고 있던 공간이 텅 비게 되는데, 이렇게 발생한 거대한 빈 공간이 함몰로 이어지는 싱크홀의 원인이 되기도 한다.

반면 외방수는 건물의 기초 터파기 후 버림 콘크리트 위 방수층을 선행 시공한 후, 방수층 위에 철근을 배근해 구조물 외벽을 감아올리는 완전방수공법이다. 물과 습기로부터 확실하게 구분되어야 하는 건물, 고수압 영향을 받는 건물, 매립지역 등에 적용할 수 있다. 내방수보다 고가이고 작업하기가 까다롭기는 하나, 방수 성능의 신뢰성이 높고 외부 고수압에 대한 저항성이 우수하며 구조물을 보호할 수 있다. 외방수의 필요성은 지하 공간 개발이 본격화되며 더욱 강조되고 있는데, 현재 지하 구조물 외방수로 채택되는 공법은 주로 국토교통부 건설신기술NET로 인증받은 기술들이 있다.

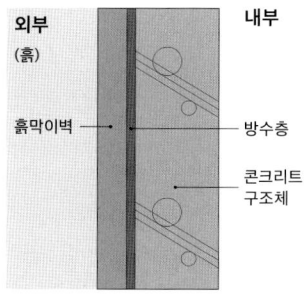

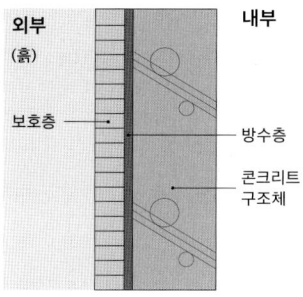

(위)외방수 선행 공법
(아래)외방수 후행 공법

지하방수 관련 신기술(2020년 기준)

- 자연가황형 합성고무시트(베스타)를 사용하는 지하 콘크리트 구조물의 외방수 공법
- 고무화 아스팔트와 벤토나이트분말의 복합방수재(Turbo Seal)를 이용한 지하구조물 외방수 및 누수구조물의 방수층 재형성 공법
- 투명 EVA 복합시트를 이용한 BOX 구조물 외부 방수공법
- 고점도 및 저점도 유동성 겔과 개량 아스팔트시트를 일체화시킨 공장제작형 복합방수시트(NaB sheet)를 진동롤러로 부착시키는 방수공법
- 점·첩착 EVA 복합 시트를 이용한 비노출 방수공법
- PVC발포폼을 이용한 단열 보완형 복합 방수공법(KD-E 시스템)
- 재활용 천연라텍스 고무를 이용하여 제조된 고점착 특성의 '터보시트 GTR'과 현장타설 콘크리트 구조체 부착형 'Pre-GTR'을 이용한 콘크리트 지하구조물의 '온통 GTR 외방수공법'
- 공장 생산된 박막형 점착 복합 방수시트와 콘크리트 간 재료적 일체성을 가지는 건식화 복합방수 시공기술
- EVA시트 방수층 하부에 수팽창하는 아크릴레이트를 합지한 건식 비노출 방수공법
- 수산화이 혼입된 기능성 복합재를 적용한 방근 콘크리트

외방수는 다시 선행공법과 후행공법으로 나뉜다. 선행공법이란 지하 외벽 구조체를 만들기 전에 연속 지중벽, 흙막이벽, 지반 등에 미리 방수층을 시공하고, 그 뒤에 구조체 콘크리트를 타설하는 공법을 말한다. 후행공법이란 먼저 지하 외벽 구조체를 만들고, 구조체 바깥쪽에 직접 방수층을 설치하는 공법을 말한다. 지하 외방수는 일반적으로 후행공법이 많았으나, 최근에는 합벽 구간의 증가로 인해 선행공법이 가능한 재료와 기술이 개발되어 적용되고 있다. 선행공법은 특히 초고층 건축물 지하 기계실, 전기실 등 주요 시설물이 위치하는 곳에서 효과적이다.

1) 디워터링 공법: 기초 저면에 배수층을 형성하여 지하수를 집수정으로 모은 다음 펌핑하여 외부로 배수하는 공법을 말한다. 지하구조물에 대한 양압력(상향수압)으로 인한 건물의 부상을 방지하는 데에 효과적이다. 주로 공동주택 공사 시 적용되며, 관리만 잘 된다면 영구적으로 배수를 할 수 있다. 지하수 유입량이 적을 때 적합하고, 기초 두께를 감소시킬 수 있는 장점이 있다. 하지만 지속적인 양수로 유지비가 소요되고 주변 지반이 침하될 가능성이 있어 주의가 필요하다.

참고문헌
- 한국건설방수학회, 「부위별, 형태별 표준 방수 설계 매뉴얼」.
- 김선동, '방수에 대해서_ 물 안 새는 건물을 위하여', 카카오 브런치, 2021년 8월 27일. https://brunch.co.kr/@ratm820309n85i/183
- 김희용, '방수, 단순마감이 아닌 물을 다스리는 일이죠', 「대한경제」, 2021년 2월 22일.
- 박기우·오상근, 「구체방수와 침투성 방수의 방수 성능 비교에 대한 실험적 연구」, 한국건축시공학회 학술 기술논문발표회 논문집, 2011년 11월, 229~230쪽.
- 안상로·곽규성·최성민·오상근, 「[특집] 방수 공사의 종류와 시공기술의 이해」, 한국건축시공학회지, 2010년 8월, 15~26쪽.
- 여남구·유재선·정택명·현순호, '콘크리트용 구체방수재와 액상형 침투 방수재의 복합사용에 의한 콘크리트 구조물의 일체화 방수공법', 대한민국특허청 공개특허공보, 2006년 8월 23일.
- 박희곤·김광기·김근허·김상규·송병장·정상진, 「구체방수제를 혼입한 콘크리트의 기초물성에 관한 연구」, 대한건축학회 추계학술발표대회 논문집(구조계), 2004년 10월, 511~514쪽.

Type

방수 재료의 유형별 특성

건축물 내부로 물이 유입되는 것을 방지하기 위해서는 연속적인 막을 형성할 수 있는 재료가 필요하다. 바로 방수 재료다. 도료를 바르거나 시트를 부착하여 피막을 형성하는 멤브레인 방수부터 현장 용어인 '액방(액체방수)'으로 더 익숙한 시멘트 모르타르 방수, 비교적 최근 방수계에 등장한 뿜칠형 도막계 방수, 금속판, 섬유강화 플라스틱 등 다양한 방수 재료를 소개한다. 재료별 특성과 장단점을 알아보자.

-

글 최은화

멤브레인 방수

1 아스팔트 방수

아스팔트는 고대부터 지금까지 사용되는 전통적이고 일반적인 방수 재료다. 고체 상태의 아스팔트를 약 260도로 가열 용융시켜 액체 상태로 만들어 바탕에 바르거나 뿌리면서 아스팔트 펠트 및 루핑을 2~4장 적층하는 '열공법'이 전통적인 시공법이다. 최근에는 화재 위험, 공기 오염 등의 문제를 고려해 끓이지 않고 사용하는 상온 아스팔트 방수재가 개발되어 사용되고 있다.

장점

· 시공의 역사가 길다
· 연속 시공되므로 방수층이 두껍고 줄눈 없이 방수층을 일체화할 수 있다
· 신장성, 접착성이 우수하다
· 부식에 강하다

단점

· 공정이 복잡해 작업 속도가 늦다
· 겨울에는 반드시 보호층을 설치해야 한다
· 시공 시 흡입된 공기의 팽창 및 방수층과 바탕과의 온도 팽창으로 인해 아스팔트 층에 파단이 생길 수 있다

참고문헌
• 「방수공법 및 설계 · 시공기술자료」, 중앙방수연구소.
• 「부위별, 형태별 표준 방수 설계 매뉴얼」, 한국건설방수학회.
• 「방수 공사 핸드북 - 방수의 이해와 발전」, 대한전문건설협회 · 미장방수공사업협의회, 1997.
• 김선동, '방수에 대해서_물 안 새는 건물을 위하여', 카카오브런치, 2021년 8월 27일, https://brunch.co.kr/@ratm820309n85i/183

멤브레인 방수

2 합성고분자 시트방수

합성고무 또는 합성수지를 시트 상태로 성형한 약 1~2mm 두께의 방수시트를 프라이머 혹은 접착제, 고정철물, 열풍기 등을 사용하여 방수층을 형성하는 공법이다. 부착하는 방식에 따라 공법이 세분화되며 전면접착공법, 금속공법, 열풍융착공법이 있다. 다양한 종류의 시트가 사용되고 있으며 대표적으로 감온성이 작고 내피로성이 뛰어난 가황고무계 시트, 시트 상호간 접착성이 우수한 비가황고무계 시트, 시트 상호의 용제 접착 및 열융착성이 우수한 염화비닐수지계 시트 등이 있다.

장점
· 방수층의 중량이 가벼워 건물의 경량화에 유리하다
· 시공이 간단해 공기 단축, 공사비 절감 효과가 있다
· 내구성, 내후성, 내약품성이 우수하다

단점
· 시트 접합부의 누수 가능성이 커서 이에 대한 대책이 필요하다
· 부분적 보수가 곤란하다
· 재료비가 크다

3 고무 아스팔트 도막방수

고무와 아스팔트를 이용한 방수 재료로, 액체방수의 취약 부분에 사용하는 방수재. 별도의 프라이머 없이 사용 가능하고 모르타르 혼합도 가능하다. 수용성이므로 습윤 환경에서도 접착력이 좋다. 화장실, 발코니, 다용도실에 주로 사용되며 코너 부위, 파이프 주변, 드레인 주위 등 주요 부분부터 바닥, 조인트 등까지 보강하는 용도로 사용한다. 지하 외벽의 방수에도 시공할 수 있다. 고무 계열로 신축성이 있어 수축 팽창에 강하다. 시멘트 모르타르 방수 시 신축성이 전혀 없기 때문에, 고무 아스팔트로 보강하곤 한다.

장점
· 고무 계열로 신축성이 있어 수축 팽창에 강하다
· 시공이 간단하다

단점
· 도막 두께가 균일하지 않다

4 우레탄 도막방수

우레탄 고무를 주원료로 하는 도료를 발라 피막을 형성하는 공법으로, 쉽게 말해 방수 성능을 가진 페인트를 바탕 면에 바르는 방수공법이다. 솔이나 롤러를 사용하여 도포하거나 뿜칠기로 분사하여 보통 2~3mm 두께의 방수층을 형성한다. 강도 보강 및 두께 확보 목적으로 시공할 경우에는 3~6mm를 표준으로 삼는다. 건물의 옥상 방수에 흔하게 쓰인다. 사용 부위에 따라 지붕 및 바닥에 사용하는 것과 벽 및 치켜올림부에 사용하는 것으로 구분된다. 도막 형성을 위한 성분 조성에 따라서도 구분되는데, 현장에서 주제와 경화제를 일정 비율 혼합하여 사용하는 2성분형과 이미 혼합된 상태로 그대로 사용하는 1성분형이 있다.

장점
· 시공이 간단하다
· 누수 부위를 발견하기 쉽다

단점
· 재료 사용 시 배합을 준수해야 한다
· 건조 경화로 방수층이 형성되기 때문에 온도 변화 등 외기 환경에 민감하다

5 시트 도막 복합계

기존의 단층(1겹) 방수공법에 있어서 바탕 콘크리트의 영향이나 정밀 시공의 어려움으로 인한 하자를 방지하고, 장기적인 내구성을 확보하기 위한 방법으로 복층(2중 겹침)의 방수층을 형성하는 공법이다. 예를 들어, 열공법 아스팔트 방수층과 같이 시트상의 아스팔트 루핑류와 도막상의 열용융 아스팔트를 교대로 적층하여 방수층을 형성하는 식이다. 최근에는 평지붕 방수공사 시 시트 방수와 상부에 코팅제를 보강하여 마무리하는 시트 도막 복합계를 적용하는 경우가 많다. 다양한 재료를 조합하여 구성이 가능하며, 바탕과의 부착 방식, 조인트 처리 방식에 따라 다양한 공법이 있다.

장점
· 도막과 시트 재료의 단점을 상호보완하여 우수한 방수층을 형성한다
· 내구성, 내후성이 우수하다
· 개별 공법에 비해 하자 발생률이 낮다

단점
· 방수 재료 상호 간 반응을 검토해야 한다

시멘트 모르타르 방수

콘크리트, 모르타르 등과 같은 바탕 면에 지방산, 지방산염, 아스팔트 에멀젼, 수용성 수지 등과 같은 유기질계의 방수제와 방수제와 혼합한 시멘트 모르타르 등을 덧발라 구조체 바탕에 수밀한 유기질 혹은 무기질계 방수층을 형성하는 공법이다. 현장에서 흔히 '액방(액체방수)'이라고 부르는 공법이다. 구성 재료가 물, 시멘트, 방수액으로 시멘트와 물이 반응하는 특성이 있기 때문에 습윤 환경에 적용하기 적합하다. 화장실, 테라스, 지하실, 탱크, 수영장, 저수조, 정화조 등에 사용된다. 모르타르의 특성상 탄성이 부족하기 때문에 시공 후 장기간의 태양열을 받거나, 오랜 기간 건조가 지속되는 장소에서 사용하면 방수층이 건조, 수축, 균열이 일어날 수 있다. 그렇기 때문에 외부에는 거의 사용하지 않고, 실내에는 사용하더라도 벽과 바닥이 만나는 부분, 배관이 설치되는 부분 등에 우레탄 방수나 아스팔트 방수 등으로 보강을 하는 것이 일반적이다.

장점
· 저렴하다
· 시공이 간단하다

단점
· 균열에 약하다

뿜칠형 도막계 방수

초속경 폴리우레아수지계, 초속경 우레탄 고무계, 고무 아스팔트계, 아크릴 고무계 도막 등 액상형 재료를 콘크리트 바탕에 바르거나 뿜칠하여 방수층을 형성한다. 방수층의 두께는 보통 2~3 mm를 기준으로 하며, 강도 보강 및 두께 확보 목적으로 보강포를 사용할 경우 3~6 mm 정도의 두께로 시공한다. 초속경화형으로 약 30초 이내의 짧은 시간에 방수층을 형성할 수 있다.

장점
· 신축성, 내구성, 내후성, 내약품성이 우수하다
· 온도 변화에 비교적 안정적이고 수직부도 열에 의해 처질 우려가 적다
· 누수 사고 시 보수가 용이하다

단점
· 바탕 처리가 필요하다
· 습윤면 시공 시 도막이 분리될 수 있다
· 방수층 두께를 일정하게 유지하기 어렵다
· 겨울 시공 시 동결에 유의해야 한다

금속판

공장에서 일정 폭의 금속박판을 생산하고 현장에서 필요한 크기로 가공하여 접어 붙이기, 용접하기, 혹은 고정철물을 바탕에 고정하기 등으로 방수층을 형성한다. 주로 납판, 동판, 알루미늄, 스테인리스스틸 등을 이용한다. 건물의 차양 혹은 지붕에 주로 사용된다.

실링재

틈새를 충전하여 수밀성을 부여하고, 퍼티와 가까운 기능을 가지고 있는 유성 코킹재가 등장하여 주로 조적조에 이용되었고, 창문 틈 등의 방수에 많이 사용되었다. 조립식 주택의 발전과 조립식 건축용으로서 조인트 거동에 견딜 수 있는 실링재가 필요하게 되었고, 또한 커튼월 시스템에 많이 이용되었다. 폴리설페이트계 실링재가 최초로 개발되고, 이후 실리콘계, 부틸 고무계, 폴리우레탄계, 아크릴계, 변성실리콘계 등이 등장했다.

섬유강화플라스틱

섬유강화플라스틱(FRP)은 레저용 보트, 낚시대, 골프채의 머리, 자동차의 몸체, 지붕재, 조립식 욕실, 욕조, 수조 등의 재료로 사용되고 있다. 섬유강화플라스틱 방수 공법은 이러한 용도 외에 건축 방수에도 적용하고자 하는 발상으로 개발된 공법이다. 연질 폴리에스테르수지와 유리섬유를 주재료로 하고, 도막방수의 적층 공법 형태로 시공한다. 콘크리트 외 목재 등 모든 바탕재에 적용 가능하고, 속경화형 수지 사용에 따라 공기단축 효과가 크다. 내마모성이 강하여 차량주행용 바닥에도 사용할 수 있고, 내약품성과 내토양균성이 강해 옥상 녹화에도 대응할 수 있다.

발수제

앞선 재료들이 모두 물이 내부로 침투하는 것을 막아주는 '방수' 기능을 했다면, 물이 닿았을 때 스며들지 않고 흘러내리거나 튕겨내는 '발수' 역할을 하는 발수제도 있다. 장기간 수분에 노출되는 지면 밑, 물이 고이는 장소 등에서는 물의 침투를 근원적으로 막지는 못한다. 노출콘크리트, 시멘트 모르타르, 벽돌 등의 마감 위에 분무기 등으로 뿌리는 방식으로 시공한다. 최종 마감재의 질감을 살려야 하므로 제품이 투명인 경우가 많다. 영구적인 효과가 있는 것은 아니라서 3~4년마다 유지보수 개념으로 재시공하는 것이 좋다. 옥상이나 화장실 타일 위에 시공하기도 한다.

Cause

방수 하자의
주요 유형과 원인

다양한 방수재와 특수 방수공법이 발달해왔으나 방수 하자에 따른 누수 문제는 지속적으로 발생하고 있다. 건축 품질을 결정하는 방수 하자의 원인은 무엇일까? 설계, 재료, 시공적 측면에서 그 원인을 알아본다.

-

글 허보경

방수 하자 원인 별 문제 요인

방수 하자 원인	문제점
설계상 원인	주요부위 상세 누락, 방수 표시 부정확, 방수공법 선정 불합리, 설계자의 방수관심 부족, 홍보자료에 치중
재료적 원인	배합비 혼합 무시, 기준 미달 제품 사용, 규정량 미사용, 보관 시 부주의, 용도에 부적합한 자재 사용, 시공실적 미흡으로 내구성 미검증
시공적 원인	균열 발생, 이물질 미제거, 청소 불량, 시공 속도 무시, 숙련공 부족, 방수공의 경험에 의존, 후속 작업에 의한 손상, 습윤·보양 불량, 품질관리 미흡, 하자사례 활용 미흡

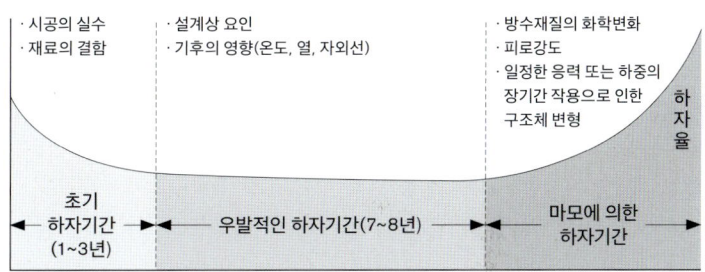

건물 수명에 따른 방수 하자 발생의 요인과 하자율의 관계를 나타낸 그래프

설계상 원인

유형 A 방수 공법 계획의 미흡

옥상방수 설계 시 방수층 보호의 목적으로 방수재 위에 무근 콘크리트 시공을 계획하는 경우가 있다. 무근 콘크리트는 온도 변화에 의해 수축·팽창하고 특히 수평으로 움직인다는 특성이 있어 무근 콘크리트의 거동을 흡수할 수 있는 완충재를 계획해야 한다. 만약 방수재의 신축성이 낮고 방수층 두께가 얇다면 무근 콘크리트의 거동으로 인해 방수층 파손을 비롯하여 파라펫 구조체에 균열까지 일으키게 된다.

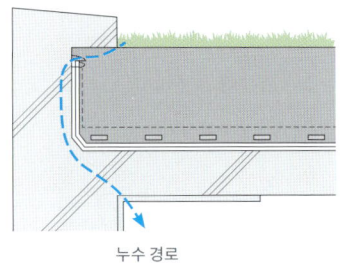

유형 B 사용환경의 특성을 고려하지 않은 공법 선정

주로 옥상녹화에 의한 하자 발생이 있으며 그 유형으로는 두 가지가 있다. 첫 번째, 방수층의 치켜올림 부분에 토양이 직접 접하는 상황이다. 토양을 너무 많이 채우면 그 위로 빗물이 넘쳐 방수층 안쪽으로 들어가게 된다. 두 번째, 성장력이 강한 식물뿌리에 의해 방수층이 뚫리는 경우다. 식물뿌리가 방수층을 손상시키면 균열부를 따라 뿌리가 계속해서 자라고 다른 건물 부위에까지 영향을 미칠 수 있다. 따라서 수직 방수층의 높이를 충분히 고려해 설계하고 파라펫과 토양층을 분리 계획하는 것이 좋다.

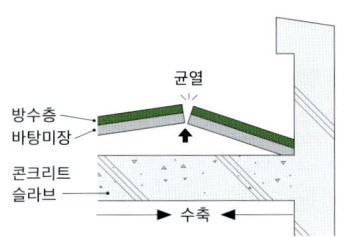

재료적 원인

유형 A 구조체 변형에 따른 방수층의 파단

콘크리트는 장기간 온도 변화나 하중과 같은 영향에 의해 수축·팽창하는 특성이 있는데, 콘크리트 구조의 경우 에폭시[1], FRP 등 물리적 강도가 높은 경질재료는 직접적인 외력이 없더라도 콘크리트 자체의 변형으로 인해 방수층 전체가 들뜨거나 박리·박락 현상, 균열까지 발생하게 된다. 주기적으로 보수하거나 단열층을 덮어 콘크리트의 변화 안정성을 높일 수 있다.

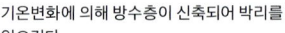

유형 B 재료 자체의 수축·팽창 현상

온도 변화에 의해 방수재가 수축·팽창을 반복하게 되면 이에 따라 박리 현상, 균열, 부풀음 등의 하자가 발생한다. 예를 들어 시트 위에 도막 방수재를 덮는 복합공법의 경우 시트가 수축·팽창함에 따라 시트 간 연결부분이 벗겨지거나 시트 부풀음의 반복으로 인해 도막 방수층이 갈라질 수 있다.

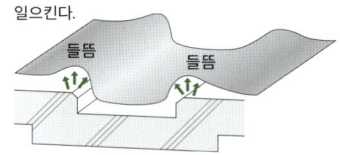

유형 C 재료 배합의 미흡

주제와 경화제[2] 두 가지의 재료를 섞어 사용하는 도료를 2액형 도료라고 부르며, 이러한 도료는 지정 제품을 사용해야 하고 정해진 배합비율을 따라야 한다. 이를 준수하지 않거나 충분히 혼합하지 않을 경우 도료가 굳는 과정에서 문제가 발생하여 방수 기능을 하지 못하게 된다.

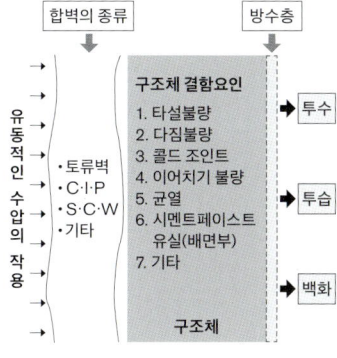

시공적 원인

유형 A **구조체 시공 불량**

성능 좋은 방수재와 공법을 적용하더라도 콘크리트의 품질에 결함이 있다면 방수 성능을 기대하기 어렵다. 이러한 결함은 타설불량, 다짐불량, 이어치기 부위 일체성 미확보, 이어치기 불량 등이 있으며 이는 누수 문제로까지 이어지는 요인이기도 하다. 예를 들어 타설불량으로 인해 재료분리와 철근피복두께 불량 현상이 발생하고, 이어치기 불량으로 인한 균열 부위에 흙 등의 이물질이 유입된다. 이러한 문제는 지하층 합벽 구조에서 더욱 유심히 고려할 필요가 있는데, 지하수와 같은 직접적 물의 유입과 수압 및 화학적 영향으로 인해 누수는 물론이고 투수·투습·백화 현상까지 발생할 수 있기 때문이다.

유형 B **재료 간 접합부 시공 불량**

시트 부착 시 바탕과의 접착이 좋지 않거나 시트 상호 간 겹쳐지는 이음부에 긴밀한 부착이 이루어지지 않아 그 부분이 들뜨거나 중력에 의해 흘러내리는 문제가 발생한다. 이음부 사이로 물이 들어가게 되면 누수의 직접적 원인이 된다. 고정 철물을 사용하여 고정하는 경우 장기적인 거동 및 내풍압에 의해 방수층이 상·하 진동하게 되면 철물이 점차 돌출되어 도막 방수층을 손상시킨다.

방수시트의 소재에 따라 열풍 용접기로 시트 표면을 녹여 접합하는 방법이 있고 별도의 도구 없이 손 쉽게 시공할 수 있는 방법이 있다.

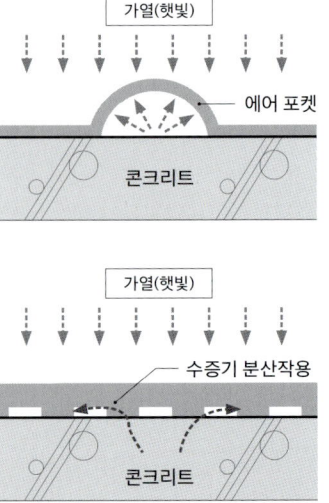

유형 C **콘크리트 습윤·보양 불량**
방수층과 바탕 콘크리트 내부에는 다량의 수분이 함유되어 있다. 따라서 육안으로 볼 때 콘크리트 표면이 건조되었다 하더라도 내부 수분이 증발하여 콘크리트 바탕과 방수층 사이에 수분이 존재하게 된다. 이 수분이 열을 받게 되면 증발에 의해 서서히 증기압이 높아지고 방수층을 부풀어 오르게 한다.

유형 D **배수 보강 미흡**
옥상층의 배수 체계는 눈, 비로부터 건물을 보호하는 첫 단계이며 배수 드레인이 중요한 역할을 한다. 옥상층 방수시공 시 방수층을 드레인 위까지 감아올리지 않는 실수로 인해, 드레인 주변으로 집중된 물이 선홈통으로 배출되기 전에 드레인과 구조체 사이의 균열로 유입된다. 또는 방수시방에 맞지 않는 드레인을 선정하는 실수를 범하는 경우가 있다. 예를 들어 누름층 하부로 유입되는 물을 배출하는 기능이 없는 드레인을 설치하여 중간층에 물이 정체되고, 그 물이 슬라브 균열 부위로 흐르거나 방수층을 파손시킨다.

기타 원인

방수시공 과정에서 도구에 의한 훼손, 방수층 보호 작업의 미흡으로 인한 방수층 파단, 보행으로 인한 충격에 의해 방수재가 뚫리거나 찢기는 상황이 발생하기도 한다. 또는 강한 바람을 동반한 태풍 등에 의해 고정 철물의 파손, 시트층 벗겨짐, 지붕구조물 탈락 등 방수층의 물리적 파손이 발생할 수 있다.

1) 에폭시: 열경화성 수지의 일종이며 압축, 강도, 인장강도, 접착 특성 면에서 탁월한 성능을 보인다는 강점이 있다. 이러한 특징으로 인해 산업, 자동차, 항공우주, 건설 등 다양한 분야에서 접착제, 코팅제, 실란트로 응용되는 재료이다. 방수층을 보호하고 마감하는 목적으로도 사용된다.
2) 주제와 경화제: 방수 페인트의 물성에 주된 영향을 주는 물질을 주제(主劑)라고 하며, 페인트 굳기의 정도를 높이거나 굳는 속도를 촉진하기 위해 첨가하는 물질을 경화제(硬化劑)라고 한다.

Interview

한스페인트는 지하, 지상, 옥상 모든 부위에 적용할 수 있다는 장점이 있다. 하나의 제품으로 방수 기능은 물론이고 색도 연출할 수 있고 코팅도 가능하다.

자연에서 추출한
천연 방수 페인트

방수 페인트는 기본이 되는 원료부터 색을 내는 안료, 방수막을 형성하는 원료, 첨가물까지 다양한 화학 물질을 중합·배합해 만들어진다. 이와 반대로 한스페인트는 천연 재료로 자연의 방법으로 만들어졌다. 화학적으로 제조된 페인트와 천연 재료로 만들어진 페인트 간에 어떤 차이가 있을까? 한스 송정아 대표에게 물어보았다.

인터뷰 **허보경**
인터뷰이 **송정아** 한스 대표
사진 **한스**

감씨(감): 한스는 어떤 배경에서 설립된 회사인가?
송정아(송): 초기 개발자는 독일에서 페인트에 관한 공부를 하고 온 사람이었다. 그가 한국에 왔을 때는 산업화가 한창이었고, 페인트 속의 화학 물질이 인간에게 유해하다는 문제의식을 갖게 되었다고 했다. 이러한 배경에서 인간과 환경에 무해한 제품을 만들어 사회에 공헌하자는 취지로 제품을 개발하기 시작했다. 인간, 토양, 수질에 해를 가하지 않는 제품을 만들고자 1990년대부터 천연 재료에 관한 연구를 시작했고 이를 바탕으로 화학 및 자연과학 분야의 연구진이 함께 제품 개발과 생산에 매진하고 있다.
　1990년 이후에는 가구 대상의 페인트 제품을 개발하는 일과 미국, 중국, 유럽 등 해외 수출을 중심으로 회사가 운영되었다. 그 시절에는 천연 재료가 주목받지 못했다. 그러나 최근 기후변화 문제로 인해 한스페인트와 같은 제품이 필요해졌다.

감: 한스페인트도 같은 맥락에서 만든 브랜드인가?
송: 그렇다. 과거에 흙 집을 짓고 볏짚으로 지붕을 덮어 살던 시절에는 독성 물질로 인해 병드는 사람이 적었다. 그러나 현대인은 아침에 일어나 출근하고 퇴근 후 잠들기까지 24시간 내내 포름알데히드[1]와 같은 화학 물질을 흡입하며 생활한다. 건축물에 페인트를 바르면 이와 같은 화학 물질이 발생해 사람에게 영향을 미친다. 새집증후군 증상, 우울증, 아토피, 암과 같은 병까지 유발할 수 있다. 새집증후군 방지를 위해 환기나 청소 등을 하지만 이는 단시간에 해결할 수 없다. 타일, 필름, 마루 등을 붙이는 접착제, 벽지에도 화학 성분이 잔뜩 들어있다. 페인트 통의 주의사항을 읽어보면 "코로 들이마시지 마세요"라는 문구를 볼 수 있다. 사람에게 해롭다는 뜻이다. 한스페인트는 그런 안내 문구가 없다. 인체에 무해하도록, 그리고 쓰고 남은 페인트를 흙에 버려도 되는 폐기물 없는 제품으로 만들었기 때문이다.

감: 일반적인 페인트 재료와는 어떻게 다른가? 한스페인트 제품군을 중심으로 그 차이를 소개해달라.
송: 페인트는 색을 입혀서 원래의 재료를 가리는 용도에 주안점이 있다. 방수 기능이 더해지면 방수 페인트인데, 방수 기능이 주 목적이다. 일반 페인트는 물을 흡수하지만 방수 페인트는 물이 들어가지 않도록 차단하는 기능을 한다.

시중에 판매되는 방수 페인트는 주제와 경화제로 이루어져 있으며 두 가지 재료의 비율을 잘못 맞추게 되면 방수 기능을 하지 않는다. 우레탄, 에폭시 등은 반드시 경화제를 넣어야 굳는다. 그러나 경화제 비율을 잘못 맞추면 굳지 않고 방수 역할도 할 수 없다.

한스페인트 제품군은 모두 기름이 없는 수용성 액체 형태로 만들어진다는 면에서 가장 큰 차이점이 있다. 수용성 제품은 실내에만 사용할 수 있다고 알려져 있지만, 자체 기술로 그 한계점을 해결했다. 한스페인트 제품 모두 첨가물 없이 자연적으로 굳게 되며, 이러한 점에서 시공 문제나 하자 우려가 없다.

'푸른숲페인트'는 실내용 페인트이고 화사한 색감과 매끄럽게 잘 발린다는 특징이 있다. '자연숲페인트'는 결로가 자주 발생하는 발코니 혹은 곰팡이가 생기는 부위에 바를 수 있는 기능성 페인트이다. 습기 흡수, 곰팡이 방지, 항균 효과, 내구성까지 갖추어 타일, PVC, 철판 등 다양한 면과 건물 외부에도 적용할 수 있다. 일반적인 수성 페인트는 손톱으로 긁어낼 수 있을 만큼 내구성이 약하다. 그러나 자연숲페인트는 이러한 수성 페인트의 취약점을 보완하여 내구성을 강화한 고기능성 제품이다.

사람들이 주로 사용하는 오일 스테인[2]은 목재 위에 기름 도막을 형성하는 방식이다. 그러나 시간이 지나면 기름 도막이 사라지고, 목재 위에 스테인을 다시 발라야 한다. 한스페인트의 우드데코 스테인 wood décor stain은 무기물로 제조된 수용성 제품이다. 목재 속으로 침투하기 때문에 나무결 무늬를 유지할 수 있고 목재를 보호하면서 자외선에도 오랜 시간 지속된다는 특징이 있다.

우리나라에서는 과거부터 가구나 식기 등 나무 재료의 물건이 썩지 않도록 혹은 방충 역할로 옻을 사용했다. 이러한 전통적 맥락에서 착안해 옻의 독성물질을 제거하여 바르기 쉬운 수용성 옻 스테인을 만들었다. 공예가들은 기름 성질로 만들지만, 이와 달리 한스페인트는 누구나 시공하기 편하도록 액상 형태로 만들었다. 우드데코 스테인은 목조 건물과 같은 자연 재료의 건축물, 문화재 등에 적극 추천한다.

금속 재료에 일반 페인트를 칠할 때는 먼저 방청제를 바르고 그 다음 페인트 칠을 하고 코팅을 해야 한다. 최근 개발한 철재용 코팅제 '녹안나'는 녹 방지, 페인팅, 코팅을 한 번에 해결할 수 있으면서 지속성, 내구성까지 갖추었다. 수성으로 만들어 독성이 없다. 부식이 진행된 부위에 바르면 추가 부식을 방지할 수 있어 '부식인테리어'에 적용하기 탁월하다.

시공 전의 목재

'천년옻칠' 도토리색을 바른 모습

녹안나 철재 코팅제를 바르는 모습. 건축, 자동차, 지게차, 비철금속 제품, 선박, 비행기 등 다양한 산업 분야에 적용할 수 있다. 철재에는 물을 용제로 하는 수성 페인트를 사용하기 어려우나 한스는 화학 첨가물 없이 이를 극복할 수 있는 기술을 구현했다.

감: 일반적인 방수 페인트는 화학 원료로 제조된다. 천연 원료는 어떤 점이 다른가?

송: 일반적인 방수 페인트는 석유 추출물을 기반으로 제조되는데 기름이 자외선에 오랫동안 노출되면 휘발되어 방수 기능이 약해진다. 2~5년 사이에 재시공을 하는 이유가 바로 화학 원료의 이러한 취약점 때문이다.

나무의 송진, 벌집의 밀랍, 양초 등이 방수 기능을 하는 천연 재료에 속한다. 한스페인트는 이런 재료의 성질과 원리를 바탕으로 만들어진다. 화학적 방식으로 표현하자면 파우더로 된 광물 사이사이에 농축액이 들어가 분자 구조가 바뀌어 광물 사이를 단단하게 묶는다. 그러면 더욱 단단하고 견고한 성질을 갖게 된다. 시간이 지나면서 완전하게 결합하여 더 딱딱하게 굳어 방수 역할을 하게 된다.

감: 천연 원료로 방수 페인트를 만들기 위해서는 제조의 과정에도 차이가 있을 것 같다.

송: 시중의 방수 재료들은 여러가지 화학 원료를 배합하고 희석제를 첨가한다. 반면에 우리는 농부처럼 일한다. (웃음) 나무 농장을 섭외해서 재료를 확인한 후 트럭에 싣고 와 껍질을 까서 말리고 농축한다. 한약을 짜듯이 여러 차례 농축한 후에 나온 진액을 여러가지 무기광물과 섞고 육안으로 확인하며 체로 쳐낸다. 여기에 식물성 원료를 더해가며 완성한다. 옻 농장에 가서 옻을 가져오고 나무를 캐거나, 풀을 뜯어와 씻고 말려 농축하기도 한다. 나와 연구진들이 전부 수공예 노가다로 만들고 있다. (웃음)

농축액을 만드는 과정은 90년대부터 비율, 양, 시간을 조절하고 오랜 시간동안 시행착오를 겪으며 얻은 데이터이다. 성분 배합이 조금만 달라져도 방수 기능을 하지 않는다. 이 실험과 데이터가 주요 기술이다.

재료를 말리는 이유는 부패를 방지하기 위함이다. 생선을 건조하면 오래 두고 먹을 수 있듯이 자연의 방법에서 착안했다. 현재는 장기 보관이 필요하지 않아 제품에 방부제를 넣지 않는다. 방부제를 넣으면 독성이 생기는데, 그러면 개발 취지에 맞지 않는다. 만약 대량 유통으로 인해 방부제를 넣어야 하는 상황이 온다면 된장, 고추장에 사용하는 식품 방부제 정도만을 사용하려고 한다.

감: 친환경 재료를 다루는 기업의 입지는 어떠한가?

송: 제품을 개발하던 90년대 초기에는 국내를 대상으로 운영하지 않았다. 보통은 새로운 재료에 대해 배척하는 태도를 취한다. 그래서 친환경 재료를 다루는 우리 제품이 외면을 받았었다. 아마도 사용해보지 않아서 모르는 것 같았다.

그러나 현재는 점차 내 몸과 우리 환경에 대한 소비자들의 관심도가 증가하고 있다. 사실 지금

당장은 제품 구매로 즉각적인 반응이 이어지지 않지만, 친환경 재료의 이점과 필요성이 알려진다면 소비자가 찾게 되리라 생각한다. 소비자가 찾으면 건축에서도 찾게 되지 않을까? 인간 생활에 있어 필요한 곳에 많이 쓰였으면 한다.

현재는 해외 바이어들로부터 수출 및 유통 문의를 받고 있다. FDA[3) 승인을 받았다는 점, 폐기물이 없다는 점에 주목하여 우리 기술에 관심을 갖는 분위기다. 수용성이면서 전 세계 다양한 기후에 견딜 수 있는 제품을 중심으로 수출할 예정이다. 이런 계획은 해외에 있는 한국 기업이 자국 제품을 사용할 수 있기를 바라는 취지에서 비롯됐다. '녹안나', '천년방수', '자연숲', '푸른숲', '물안새' 등 제품 이름을 우리말로 지은 이유도 같은 맥락이다.

채취한 나무껍질 등

친환경 인증 정보

미국은 대기오염방지법(clean air act)에 따라 1998년 9월 11일부터 특정 소비자 제품에 대한 국가 휘발성 유기화합물 배출 표준을 수립하여 광범위한 제품에 대해 VOCs[4) 함량 제한을 의무화하고 기준을 적용해왔다. 국내 기준 또한 미국과 유사한 수준이며 다수의 방수재 기업이 국내 VOCs 시험성적서를 취득했다. 한편 한스페인트는 더욱 엄격한 미국 기준에 따라 VOCs 수치를 낮추기 위해 제품을 개발해왔다.

건축용 코팅제 제품군	VOCs 함량 기준(g/L)
방수 실러 및 처리제	600
착색제 (가장 낮은 수치의 제품군)	120

*국제환경규제기업지원센터의 <미국, VOCs 함량 기준 주요 내용 및 주 별 동향>(2021) 보고서

한스페인트 제품군	VOCs 함량 기준(g/L)
수성 무광 페인트 (콘크리트, 시멘트, 가정용)	0.025
수성 스테인(일반 목재용)	0.74
방수제	0.27

1 농축액을 추출하는 모습
2 식물성 농축액을 사용해 발화 위험성을 낮추었다.

1) 포름알데히드: 휘발성유기화합물(VOC)의 산화로 생성되며, 주요 발생 원인은 식생 활동과 산업 활동, 자동차, 연료 원소 등이 있다.

2) 오일 스테인: 오일 스테인은 목재의 얼룩을 가리거나 변색 방지를 위해 사용하는 유성 도료이다. 목재 가구, 문, 장신, 몰딩 등 실내외의 목재 부위에 다양하게 적용하여 연출할 수 있다. 일반적으로는 스테인을 칠한 후 실러나 바니시를 도포하여 마감처리를 하는데, 이러한 과정을 단축시킬 수 있는 두 가지 이상의 기능을 가진 복합제품이 있다.

3) FDA(food and drug administration): 미국 보건복지부 산하 기관인 '미국 연방 식품의약국'을 지칭한다. 사람과 동물 의약품, 생물학적 제품, 의료 기기 등의 안전성, 효능, 보안을 보장하는 역할을 하며, 각종 지침과 규제를 통과하면 FDA 승인을 받을 수 있다.

4) VOCs(volatile organic compounds): 휘발성 유기 화합물은 액체와 기체 형태로 존재하고 대부분 무색 무취이다. 낮은 대기에서 질소 산화물과 같은 오염 물질과 반응하여 오존을 형성할 수 있으며 일부 물질은 발암 물질 형태로 인체에 직접적인 해를 끼칠 수 있으므로 주의해야 한다. 국내에서는 도료의 경우 1기압 250℃ 이하에서 최소 비등점을 갖는 유기 화합물의 함유기준을 VOCs 값으로 나타내며, 대기환경보전법 제 44조의2(도료의 휘발성유기화합물 함유기준), 대기환경보전법 시행규칙 제61조의2 별표16의2(도료에 대한 VOCs 함유 기준)에 근거한 함유기준을 따르고 있다. 예를 들어 콘크리트·시멘트·모르타르용 수성무광의 경우 35(g/L)이하, 목재용 수성스테인의 경우 150(g/L)이하이다. 자세한 내용은 수도권대기환경청의 <도료 VOCs 함유기준 안내>를 참고할 수 있다.

송정아
(주)한스 대표다. 한스는 1990년대 천연 재료 기반의 제품 연구와 개발을 시작으로 과도기를 거쳐 2022년 7월 친환경건축자재 회사로 새롭게 설립된 회사다. 인간과 자연에 유해하지 않은 제품을 만들고자 하며 천연 재료 기반의 방수 페인트, 스테인, 코팅제, 보수제까지 제조·생산하고 있다. 전 재료에 FDA 인증을 받았고 제품군 모두 안전하게 사용할 수 있는 무탄소 제품이다. 최근 바이오산업 분야로의 확장을 도모하여 자연과학연구소를 통해 해충 퇴치 및 기피 기능을 가진 특허 제품 개발에 성공했다.

Interview

부산 엘지메트로시티, 지붕에 차열 효과를 주기 위해 광안리 바닷물의 파도치는 형상에서 착안한 색과 디자인을 적용했다.

아파트 방수 하자의 주요 원인

-
인터뷰 **허보경**
인터뷰이 **김진수** 펜테크 대표
사진 **펜테크**

완공된 지 5~10년 된 아파트에 살아도 개인 세대에 직접적인 누수가 발생하지 않는다면 아파트 유지·보수 문제에 무관심할 수밖에 없다는 점이 아파트 거주의 특징이다. 그러나 최상층이 아닌 다른 층에 거주하더라도 누수는 발생한다. 그 원인은 어디에 있을까? 건설 보수 전문 기업인 펜테크의 경험에 따르면 아파트 외부 방수 하자의 핵심적인 원인은 옥상에서 시작된다고 주장한다. 펜테크 김진수 대표에게 아파트 방수 하자의 유형과 특징에 관해 들었다.

옥상 부위는 강풍, 장마와 같은 강력한 피해, 태양열, 영하와 같은 지속적 피해, 보행시 압력에 의한 피해까지 취약점이 많다. 그런데 아파트 방수의 하자는 옥상에서 시작해 파라펫과 외벽까지 확장된다는 특징이 있다. 따라서 부위별 훼손의 원인을 정확히 파악해 그에 적합한 보수 시공 방법을 적용해야 한다.

평지붕 옥상
평지붕인 아파트 옥상에는 보편적으로 도막을 형성하는 우레탄을 적용한다. 이 때의 도막 두께 기준은 3mm인데, 바탕면 상태에 따라 일정한 두께를 유지하기가 쉽지 않다. 바탕면의 구배로 인해 한 쪽의 두께는 4mm, 다른 한 쪽은 1mm가 되기도 한다. 만약 도막 두께가 얇은 부분이 시간이 흘러 방수 기능을 잃게 되면 방수층의 균열이 시작된다.
    옥상 바닥면과 파라펫 등의 수직면이 만나는 지점은 주요 누수 취약 부위인데, 도막방수 방식이 경사면 또는 수직면에 적용이 어려워 시공 하자로 인해 누수가 발생하기도 한다. 이러한 누수 취약 부위를 절연방수 공법인 시트공법으로 대안을 제시할 수도 있으나, 시트 간의 이음매와 모서리 부위에서 시공 완성도에 따라 하자가 발생하기도 한다.

쉰글 박공지붕

쉰글은 우리나라의 기와 같은 지붕 덮개 구조물이다. 유럽의 저층 건물 지붕에 주로 사용되었던 재료이고 우리나라에서는 아스팔트 쉰글이 개발되어 고층 아파트에 적용되고 있다. 박공 형태의 지붕에 아스팔트 쉰글을 겹겹이 붙여 시공하는데, 박공 구조의 효율적인 면과 재료의 경제성으로 인해 각광받는 방법이다. 그러나 아스팔트 쉰글은 아스팔트를 접착제로 사용하다 보니 태양빛에 장시간 노출되면 기름 성분이 산화되어 신축성이 낮아지고 기온 변화에 적응하지 못해 쉰글이 터지거나 부식되는 등의 하자가 발생한다. 모든 재료는 유지보수 기간이 있으며 쉰글 또한 주기적으로 교체하거나 보수를 해주어야 한다.

금속기와 지붕

서까래 방식으로 구조물을 세운 뒤 그 위에 금속기와를 얹어 만든 지붕이다. 금속기와는 각 장을 수평으로 포개어 쌓기 때문에 강풍에도 잘 견딘다. 그러나 안테나 보수 등의 시설물 점검 또는 재도장 목적으로 인부들이 기와를 밟고 다니면서 훼손되거나 지붕 끝단 마감부가 강풍에 의해 탈락되기도 한다. 또한, 외기에 의해 부식되는 경우도 있다. 이렇게 훼손된 금속기와 사이사이로 물이 들어가면 누수가 발생한다. 쉰글과 마찬가지로 영구적인 재료가 아니므로 주기적으로 점검할 필요가 있다.

파라펫

아파트의 옥상부에서 바닥면은 방수 구역이고 파라펫부터는 외벽으로 취급되어 도장 구역으로 구분된다. 그래서 보수할 때도 파라펫 부위는 균열 정도만 보수하고 도장을 바른다. 특히 비스듬한 각도로 설치된 형태의 파라펫 방수는 옥상 바닥면에 비해 상대적으로 허술하게 시공된다. 파라펫 부위의 균열로 인해 수직면으로 이어진 발코니와 복도까지 누수 영향이 미칠 수 있다.

외벽

아파트 외벽에서 균열이 발생하기 쉬운 부위는 콘크리트를 이어친 부분, 조립식 구조의 경우 이음매 부분의 실란트, 창틀, 발코니 난간을 시멘트에 고정한 부분 등이다. 외벽은 PC Precast Concrete 공법, RC Reinforced Concrete 공법, ALC Autoclaved Lightweight Concrete 공법 등으로 시공하는데 그중 펜테크에서는 조립식 형태의 ALC 블록/패널로 이루어진 아파트의 보수 시공 의뢰를 많이 받아왔다.

    ALC 블록/패널은 경량성, 단열성, 내화성 등의 장점으로 아파트 건축에 많이 적용되지만, 수분을 흡수하는 성질로 인해 겨울철에 습기가 있던 부위가 터지면서 부재에 균열이 발생한다. 균열 규모가 작더라도 수분이 침투하기 시작하면 우리나라 특성상 년간 50도 이상의 편차를 보이는 기온에 의해 수축과 팽창을 반복하며 균열이 차츰 커지게 된다. 그리고 아파트 같은 고층 건물에서 ALC 블록이 깨져 낙하하면 안전사고의 위험이 있다.

    ALC 블록 균열에 인젝션이나 퍼티 등을 사용하여 보수를 하지만 임시방편에 불과하다. 2~3년 후 보수 재료의 기능이 저하되면 균열이 더 커져서 직접적인 누수의 원인이 될 가능성이 있다. 정석대로라면 V컷팅으로 공간을 더 만들어 퍼티로 매꾼 후 도장을 바른다.

    그러나 아파트 외벽의 면적이 굉장히 넓어서 모든 균열에 V컷팅 작업을 하기 어렵다. 게다가 건설법상 0.3mm 내외의 미세균열은 자연적으로 발생할 수 있는 '허용균열'로 판단되어 이에 대한 보수는 단순 시공으로 처리한다. V컷팅을 하지 않은 채로 균열을 매꾼 후 그 위에 수성 페인트를 바르면 제대로 채우지 못한 균열 틈 사이로 물이 들어가거나 수성 페인트가 흡수했던 물기로 인해 도장이 터지며 처음의 미세균열이 더 확장된다. 작은 도둑이 큰 도둑 된다.

아파트 방수 보수 시공의 방법과 제품

펜테크의 루프가드 공법

루프가드 공법은 낡은 아스팔트 쉬글을 보수하기 위해 펜테크에서 개발했다. 쉬글을 부분적으로 보수하거나 전면 재시공하는 방법이 아닌, 지붕 전체를 시트로 감싸는 방식을 활용했다. 보수가 필요한 부위에 시트를 덮고 그 위에 한 번 더 방수페인트를 바른다. 얇은 옷을 여러 겹 입듯이 방수층을 층층이 여러 번 하는 방식이다. 현재 루프가드 공법은 쉬글뿐 아니라 슬라브, 금속기와, 파라펫, 외벽, ALC 등에도 적용할 수 있도록 발전됐다.

루프가드 공법의 순서

❶ 피도면 상태파악 → 모체 이물질 제거시행 → 파손부위 철거작업 → 철거부위 보수, 보강 시행

❷ 1차 공정 프라이머(하도) 도포

❸ 2차 공정 코너, 취약부위 보강 및 중도 함침

❹ 3차 공정 바닥용 시트(poly sheet) 부착

융복합형 차열방수페인트 조성물에 관한 특허증

❺ 4차 공정 중도 함침

❻ 5차 공정 중도 1차 도포

❼ 6차 공정 중도 2차 도포

❽ 7차 공정 상도(차열) 코팅 → 시공완료

제품 소개

본 인터뷰에서 언급된 페인트, 퍼티, 시트 등의 제품군을 소개한다. 펜테크는 조달청 나라장터 쇼핑몰에 등록된 기업이며 소개하는 제품군 모두 펜테크에서 개발 및 제조했다.

루프가드 방수페인트
100% 아크릴 에멀젼과 내후성이 우수한 안료로 제조한 외부용 광택 도료다. 발수 기능이 있어 건물의 노화를 방지해 주며 내오염성이 우수하고 방수와 외부 도색을 동시에 해결할 수 있다.

루프가드 중도
신축 또는 오래된 콘크리트 건물의 지붕이나 옥상방수에 사용하는 도료. 수성 타입의 아크릴 고무계 방수용 제품으로서 일체화된 연속적 탄성 도막을 형성한다. 유성 방수재와 달리 수성으로 냄새가 거의 없다.

루프가드 고탄성 퍼티
(고탄성 아크릴 보수 퍼티)
고탄성, 고점도 아크릴 균열 보수 퍼티로, 건물 벽의 미세균열을 방지하는 데 사용할 수 있다. 신장율과 부착력, 내구성이 우수하여 건물의 진동에 의한 균열에 저항성을 가지며 외부환경에 의한 오염에도 강하다.

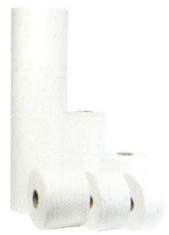

루프가드 폴리시트
폴리에스터 섬유시트로서 루프가드 공법의 기본 재료라고도 할 수 있다. 옥상 바닥에 시공하던 재료를 지붕과 외벽, 균열 보수에 적용하며 범위가 확장됨에 따라 바닥용(옥상), 박공용(지붕), 균열 보수용(ALC벽체, PC구조) 제품을 새롭게 개발했다.

김진수

김진수는 아파트 지붕을 보수 시공하는 일에 주안점을 두고 2007년에 회사 펜테크를 설립했다. 펜테크는 지붕에서 옥상, 파라펫, 외벽까지 보수 시공 범위를 확장한 건설보수 전문 기업이다. 고객의 주거 안심을 우선으로 삼으며, '루프가드', '차열방수', '외벽방수도장' 등 친환경 특허 공법을 아파트 및 공장 건물에 적용한다. <옥상남TV>라는 유튜브 채널을 통해 펜테크의 보수 시공 과정과 결과를 기록하고 그 방법과 노하우를 대중에게 알리고 있다.

2

ISSUE

ISSUE 1

방수에서
건물의 입지에 따라
고려해야 할 점은?

성능이 뛰어난 방수 재료를 사용하더라도 건물 환경에 적합하지 않은 재료라면 제 기능을 하기 어렵다.
방수재를 덮어 물을 차단하는 과정이 기술적 방수 방법이라면 건축물의 환경적 조건을
이해하는 과정은 방수에 관한 개념적 접근 방법이라고 할 수 있다.
건물의 입지 특성이 방수에 미치는 영향과 유의사항을 살펴본다.

글 허보경

기후 조건

오늘날 내구성이 향상된 다양한 방수 자재가 개발되어 있으나 온도변화에 의한 방수층 파단 현상은 여전히 문제다. 특히 우리나라는 사계절이 뚜렷해 기온이 주기적으로 변하고 이에 따라 방수재가 수축·팽창하며 이에 대한 응력까지 발생하게 된다. 예를 들어 한랭 건조한 지역에서는 아스팔트류의 방수재료가 동결에 의한 균열이 발생하고 도막 방수재료의 경화성질에 영향을 준다.

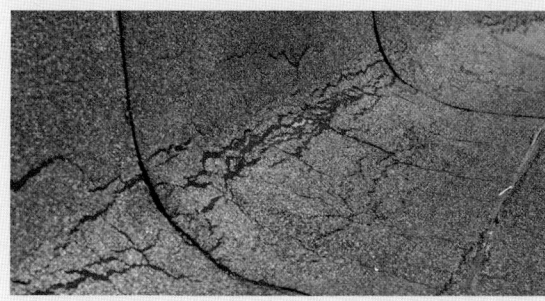

온도 변화에 장기간 노출됨으로 인해 옥상층 코너 부위에 시공한 방수시트의 꺾인 부분에 갈라짐 현상이 발생했다.

주요 도시 기후조건

구분	최고기온(℃)	최저기온(℃)	습도(평균/최저, %rh)
서울	35.8	-17.3	81/13
부산	35.2	-12	81/11
대구	37.7	-14.2	78/8
광주	35.7	-13.4	94/1
대전	35.7	-17.7	82/7

(2023년 1월~12월, 기상청)

Tip 방수 재료 유형별 온도 변화에 따른 특징

온도 변화에 민감한 재료

- 아스팔트 방수재: 겨울에는 장기간 내구성이 요구되므로 반드시 보호층을 설치해야 한다. 방수층과 바탕과의 온도팽창 차이로 인해 아스팔트층에 파단이 생길 수 있다.
- 개량 아스팔트 시트 방수재: 온도 변화에 안정성이 낮고 수직부가 열에 의해 처질 우려가 있다.
- 우레탄 도막 방수재: 건조 경화로 형성되는 재료이므로 온도 변화 등의 외기 환경에 민감하다.
- 자착식형 시트 방수재: 저온에서 시공이 어렵다

온도 변화에 안정적인 재료

- 합성고분자계 시트 방수재료: 온도 변화에 대해 비교적 안정하기 때문에 기상변화가 심한 곳에서도 사용할 수 있다.
- 뿜칠형 도막계 방수재료: 온도 변화에 비교적 안정적이며 열에 의해 수직부가 처질 우려가 없다.
- 시트 및 도막 복합방수재료: 복합방수층은 구조물의 온도변화에 따른 수축·팽창, 균열의 거동, 설비 및 외부의 진동 등의 영향으로부터 방수층 파손을 방지하는 역할을 할 수 있다.

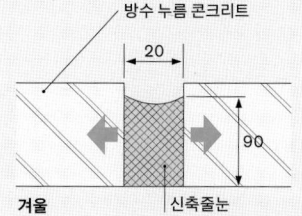

겨울

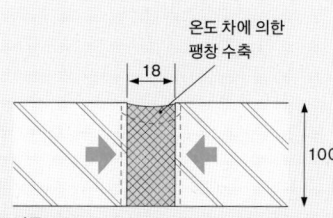

여름

Tip 기온 변화에 대비하는 방수시공 예시

- 옥상방수 시공 시 누름 콘크리트에 방수용 아스팔트 재료로 신축줄눈을 넣을 경우 온도 변화에 따른 재료의 변형을 유의해야 한다. 일례로 누름 콘크리트는 여름과 겨울에 2mm 신축되므로 겨울 시공 때 신축줄눈을 10mm 낮추어 채운다.
- 눈이 많이 오거나 추운 지역의 옥상층에는 눈이 쌓여 있다가 녹거나 빗물이 얼어 배수에 문제가 발생할 수 있다. 이러한 상황을 참고하여 루프 드레인 지름을 충분히 고려하고 동결 방지를 위해 전기히터 등의 방법을 계획해야 한다.

강수량이 많은 지역

눈, 비, 이슬, 우박 등의 강수량은 방수 설계와 재료의 성능에 영향을 준다. 우리나라는 남과 북, 동서 해안쪽과 태평양쪽과의 기상 격차로 인해 6~8월에 많은 비가 내려 방수 설계 및 시공에 유의해야 한다. 장마 기간의 집중 호우 시에는 짧은 시간에 많은 양의 비가 내리기 때문에 이를 방지할 수 있는 방수 설계가 검토되어야 한다.

주요 도시 강수량

구분	최대 강수량(mm)	1시간 최다 강수량(mm)
서울	675.7 (20년 8월)	65.7 (21년 7월)
부산	796.8 (20년 7월)	81.6 (20년 7월)
대구	330.5 (20년 7월)	33.5 (23년 6월)
광주	738.1 (20년 8월)	82.0 (20년 8월)
대전	776.3 (21년 7월)	63.3 (22년 8월)

(2020~2023년 간 최대, 최다 강수량, 기상청)

강수량에 따라 빗물을 처리하는 배수 체계가 다르다.

적설 피해로는 구조적 피해와 방수적 피해가 있다. 구조적 피해는 눈의 무게에 의한 지붕 붕괴이며, 방수면의 피해는 지붕재료의 손상, 아스팔트 균열, 고무 시트 상호접합 부분의 벗겨짐 등 방수층의 물리적 손상이다. 눈을 치울 때 도구에 의한 방수층 손상 또한 눈에 의한 2차 피해라고 할 수 있다.

지붕에 눈이 많이 쌓여 한번에 흘러내리게 되면 지붕 구조물을 손상시키거나 보행자를 다치게 하는 등의 위험을 일으킬 수 있다. 스노우가드snow guard를 설치해 이를 방지해야 한다.

바람

풍속과 풍압에 따라 방수층 설계를 계획하고 시공 전·중·후 바람의 영향에 대한 방수층 관리를 고려해야 한다. 바람의 흡인력에 대해 방수층이 바탕에 균일하게 접착되어 있으면 문제가 적으나, 충분히 접착되지 않으면 방수층이 벗겨지는 박리현상이 나타난다. 바람은 일정하게 불지 않기 때문에 이러한 방수층의 박리 범위가 확대되어 방수층의 일부가 파괴되기도 한다. 특히 강풍에 의해 지붕 기와가 날아가 인명피해까지 이어질 우려가 있다.

태풍에 의해 지붕 구조물이 손상된 모습

풍속에 따른 특징과 등급

등급	바람 명칭	지상 10m에서의 상당풍속(m/s)	상태와 특징
0	고요	0~0.2	연기가 수직으로 올라감
1	실바람	0.3~1.5	풍향은 연기가 날리는 것으로 알 수 있으나, 풍향계는 움직이지 않음
2	남실바람	1.6~3.3	바람이 얼굴에 느껴짐 나뭇잎이 흔들리며 깃발이 가볍게 날림
3	산들바람	3.4~5.4	나뭇잎과 가는 가지가 끊임없이 흔들리고 깃발이 가볍게 날림
4	건들바람	5.5~7.9	먼지가 일고 종잇조각이 날리며 작은 가지가 흔들림
5	흔들바람	8.0~10.7	잎이 무성한 작은 나무 전체가 흔들리고 호수에 물결이 일어남
6	된바람	10.8~13.8	큰 나뭇가지가 흔들리고 전선이 울리며 우산받기가 곤란함
7	센바람	13.9~17.1	나무 전체가 흔들리며, 바람을 안고서 걷기가 어려움
8	큰바람	17.2~20.7	작은 나뭇가지가 꺾이며, 바람을 안고서는 걸을 수가 없음
9	큰센바람	20.8~24.4	가옥에 다소 손해가 있음
10	노대바람	24.5~28.4	내륙 지방에서는 보기 드문 현상임. 수목이 뿌리채 뽑히고 가옥에 큰 손해가 일어남

(보퍼트 풍력 계급표, 기상청)

ISSUE 2

바탕재에 따라
고려해야 할 점

방수의 필수 덕목 기밀성을 위해서도 바탕재에 따라 방수 재료 또한 달리 선택되어야 한다.
앞서 입지에 따른 특성을 알아봤다면 지금부터는 바탕재에 따른 방수 고려 사항들을 점검한다.

-
글 윤솔희

바탕재별 적합한 방수재 종류

바탕재마다 알맞은 방수공법이 다를까. 결론부터 말하자면 그렇다. 재료 본연의 특성에 따라 부족한 방수성을 채우거나 혹은 배가하는 기회로 삼을 수 있기 때문이다. 그러므로 바탕재에 따라 적합한 방수 재료와 공법을 매칭하는 안목이 중요하다.

콘크리트

콘크리트는 시멘트, 모래, 자갈, 물 등을 혼합해 만든 자재다. 다양한 크기의 골재들로 인해 공극이 있는 편이나 그 두께가 100mm 이상일 때에는 기본적인 방수성이 있다고 본다. 하지만 콘크리트란 바탕재에서 유의해야 할 것은 면의 상태에 따른 누수 발생 가능성이다. 누수가 발생하면 구체 안의 철근 부식이 시작될 수 있다. 현재 국내 콘크리트 구조물에서 빈번한 누수 지점으로 꼽히는 곳은 균열부나 시공 과정에서 발생하는 이음부, 신축줄눈Expansion Joint, 구조물이 큰 경우 수축 또는 팽창 변위를 흡수하기 위해 구조적으로 분리, 시공하기 위한 줄눈, 폼타이 등이 있다. 콘크리트 면의 방수를 위해서는 다음과 같은 종류를 검토해 보자.

방수시트 넓은 면적이라도 신속하게 공사를 실행할 수 있는 장점을 가진 방수시트로 PVC(폴리염화비닐), TPO(열가소성 폴리올레핀), EPDM(합성고무) 등의 소재를 시중에서 흔히 찾아볼 수 있다. 열을 가하여 바탕면에 융착하는 것과 테이프 붙이듯 자착 시공이 가능한 것 중 현장 상황에 맞게 선택할 수 있다.

방수코팅제 콘크리트 표면에 방수코팅제를 균일한 두께로 바르거나 분사해 방수막을 형성하는 방식으로, 바탕면의 형태나 크기에 크게 구애받지 않고 적용할 수 있다는 장점이 있다.

방수제 혼합 콘크리트 혼합물 자체에 방수 특성을 부여하는 공법으로 구체방수라고도 한다. 콘크리트를 제조할 때 특수한 첨가제를 혼합하여 콘크리트 자체의 투수성 및 흡습성을 감소하는 방식이다.

목재

집성재, 합판, 파티클보드, 파이어보드 등 목재 재료의 경우 방수 설계에 있어 재료 자체의 함습율과 흡습성을 고려해야 한다. 습기를 흡수할 때 팽창하고 방출할 때 수축하는 성질이 있으므로 구조적 거동에 따른 동반 현상까지 고려해야 하기 때문이다. 또한, 목재를 선택한 이유 즉, 외기에 목재 고유의 질감과 색을 유지하면서도 방수할 수 있는 방식을 찾아야 한다.

투명 방수코팅제 콘크리트와 마찬가지로 바탕면에 방수층을 형성하는 방식인데 코팅제 자체가 투명하여 목재의 질감과 색을 고스란히 드러내는 장점이 있다. 이 밖에도 우드 스테인과 같은 코팅제 중에 방부, 방충뿐만 아니라 방수 기능을 하는 제품을 찾아볼 수 있다. 이들을 잘 조합하고 향후 유지 관리 계획까지 잘 실행한다면 재료의 생명이 연장됨은 물론이다.

방수 페인트 목재용 방수 페인트에는 유광, 무광 옵션만 있는 게 아니다. 조색 또한 가능해 표현할 수 있는 디자인 범위가 넓다. 게다가 건축 공사에 쓰는 대용량 자재뿐만 아니라 가정용으로 쓸 만한 소용량 제품도 시중에서 쉽게 구할 수 있어 필요에 따라 편리하게 방수 처리를 할 수 있다.

금속

물에 접촉한 금속은 공기 중 염화물 이온이나 황산 이온을 용해하는 특성을 보인다. 이는 곧 녹을 생성하는 계기가 된다. 건물에는 구조 말고도 외부 계단, 드레인, 처마 홈통 등 다양한 금속재가 있다. 시공 난이도에 따라, 규모에 따라 금속과 어울리는 여러 방수 공법을 알아 둬야 하는 이유다.

방수 페인트 금속 표면에 적용되는 방수 페인트는 철강의 산화 방지 기능을 동시에 하기 때문에 송전탑, 철교 같은 도심 철 구조물에도 흔히 사용된다. 마찬가지로 좁은 면적에도 간편하게 시공할 수 있다는 장점이 있다.

방수코팅제 금속은 철교, 선박 등 수중에 건설하는 구조물의 단골 자재이므로 관련 방수재 성능 또한 나날이 개발되는 추세다. 요즘 화두는 '초발수 코팅제'다. 강재 표면이나 도장면의 오염을 최소화하기 위한 금속 방수코팅제로, 여기서 말하는 초발수란 초소수성과 같은 뜻으로 물방울이 표면에 부착되지 않고 튕겨 나가는 성질을 의미한다. 세계적으로 주목받고 있는 분야로, 우리나라에서는 2006년 포스텍 화학공학과 조길원 교수팀이 초발수 코팅 기술을 개발한 바 있다.

벽돌

벽돌은 점토벽돌, 콘크리트벽돌 등 원료와 가공법에 따라 구분할 수 있는데, 기본적으로 다공성이 있는 재료라 습기에 취약하다. 또한 벽돌 그 자체뿐만 아니라 벽돌 시공에 필수품이라고 할 수 있는 줄눈도 방수 설계에 함께 고려되어야 한다.

방수코팅제 벽돌과 줄눈 표면에 방수코팅제 혹은 발수제를 분사하거나 도포하여 방수층을 형성하는 방식이 일반적이다. 모세관 공극을 채워 수분의 이동을 막는 원리인데, 벽돌과 줄눈에 단차가 있을 수 있으므로 고르게 분포하려는 시공자의 주의와 노력이 각별히 요구된다. 한편 조적모르타르에 방수제를 첨가해 줄눈의 방수 성능을 강화할 수 있다. 기록적 폭우를 매해 경신하는 현 기후를 의식한다면 바탕재와 관련 건축자재의 방수성을 함께 개선하는 노력이 더욱더 필요할 것이다.

여러 자재가 만나는 경우

건축물을 두부 자르듯 단일한 바탕재로만 구분할 수는 없을 터. 콘크리트, 금속, 비금속, 목재 등 서로 다른 재질이 만나는 구간도 있다. 떠올려 보자. 콘크리트와 목재와 플라스틱이 만나는 창문, 콘크리트와 금속이 만나는 현관문, 금속과 비금속이 만나는 배수구에는 어떠한 시공법이 방수에 유리할까. 비록 면적은 작아도 이들 구간을 신경써야 하는 이유는 분명하다. 대다수가 외기와 내기가 만나는 지점인 데다가 이 작은 함정 하나로 애써 만들어 놓은 방수층이 무색해지는 결과가 생길 수도 있기 때문이다. 이런 구간은 면적은 좁고, 바탕면이 고른 평면이 아니다. 그렇기에 탄성이 있고 유연한 방수 자재가 필요하다.

방수 테이프 이에 따라 현장에서 흔히 보이는 제품이 방수 테이프다. 물론 시공하기 간편한 실리콘 또한 보편적이나 자외선에 영향을 받아 내구성이 약하다는 인식이 걸림돌이다. 방수 테이프는 부착하는 재료가 서로 달라도 동일한 성능을 자랑한다. 게다가 테이프 폭도 다양하고 브랜드별 상품군도 다채로워 일반 소비자의 접근성도 뛰어나다.

실링재 구조물과 구조물, 구조물과 부속물 사이에서 물, 심지어 공기까지도 차단하는 실링재도 있다. 인장, 압축, 내충격성이 뛰어나고 내구성도 우수하므로 토목 현장에서 특히 많이 쓰인다.

ISSUE 3

방습,
방수와 종이 한 장 차이일까

자재를 검색하다 보면 방수와 방습 기능이 사이좋게 같이 다니는 경우가 눈에 많이 띈다.
그러니 자연스레 궁금증 하나가 생긴다. 방습공사와 방수공사를 하나의 공정으로 묶을 수는 없는 것일까.
왜 굳이 이들을 따로 호명하고 별도로 챙겨야 하는가.
방습과 방수는 어떤 점에서 공통분모가 있고 또 다른 역할을 하고 있는지 함께 알아보자.

-

글 윤솔희

방수와 방습 정의

눈치 빠른 독자는 이름에서 이미 이들의 차이를 알았을 것이다. 그렇지만 제대로 알아가는 차원에서 국어사전 속 방수와 방습의 뜻을 함께 짚어보자. 방수(防水, waterproof)는 '스며들거나 새거나 넘쳐 흐르는 물을 막음', 방습(防濕, moisture proof 또는 damp proof)은 '습기를 막음'을 뜻한다. 즉, 대표적 방수의 적수는 '물' 자체이고 방습의 적수는 '습기'라고 할 수 있다. 건축공사에 한정해 뜻을 파악해 보면 방수는 비나 지하수 등 운동성이 있는 물이 구조체를 통과하지 않도록 표면을 처리하는 것, 방습은 수압이 없는 상태, 가령 땅의 습기나 실내의 습기 등이 구조체에 스며드는 속도를 막거나 지연하도록 표면을 처리하는 것에 가깝다. 그러니 광의의 개념에서 방수와 방습을 묶을 수 있으나 엄밀히 말하면 두 개념은 다른 것이고 구분해 적재적소에 쓰는 이해가 필요하다.

습기를 막는 방습과 물을 막는 방수. 건축공사에도 이 둘을 구분해 설계, 시공할 필요가 있다.

방습자재의 종류

불투수성이 아니라 불투습 상태를 오래 유지하는 성질과 공법이 중요한 방습자재. 이런 까닭에 국가건설기준센터 방습공사 표준시방서(KCS 41 41 00)도 방습자재의 품질기준으로 투습성, 강도, 내구성, 발화성을 보고 있다. 자재 종류로는 어떤 형식이냐에 따라 박판시트계, 아스팔트계, 시멘트 모르타르계, 신축성 시트계 네 가지로 나눌 수 있는데 이중 나의 현장에 알맞는 자재를 선택하는 질문으로는 외부인지, 실내인지, 구조체의 재료는 무엇인지, 현장의 컨디션은 어떠한지를 생각할 수 있다.

또 하나 자재를 고를 때 중요한 조건이 기능성일 텐데 방습자재의 대표적 기능성 짝꿍으로는 흡습이 있다. 아마 페인트 제조 기업이나 벽지나 목재 등 마감재 제조 기업의 상품 소개 웹사이트에서 '흡방습 자재'란 용어를 읽어본 일이 있을 것이다. 흡방습 자재란 조습성을 지닌 자재를 말한다. 조습성이란 바싹 말랐다가도 촉촉히 젖기도 하는 성질인데, 대표적 예로 한지가 있다. 이러한 흡방습 자재는 실내외 온도 차로 인한 내부 결로를 막거나 벽지나 건축자재에 있는 포름알데히드나 톨루엔 성분의 이동을 저감해주는 역할로 설명되곤 한다. 일례로 새집증후군 예방을 위해 국토교통부는 아예 「건강친화형 주택 설계기준」에 500세대 이상의 주택건설사업을 시행 또는 리모델링하는 사업장에 흡방습 건축자재 사용을 권장한다고 명시하고 있다.

방습자재 품질기준

항목		A종	B종
투습성(투습저항) ㎡·s·Pa/ng {㎡·h·mmhg/g}		82×10-3 {170} 이상	144×10-3 {300} 이상
강도 (철침 유지강도) N	23 ℃	15 이상	
	-5 ℃	15 이상	
내구성	가열처리 후의 세로방향 인장절단 신장잔율(%)	50 이상	
	알칼리 처리 후의 세로방향 인장절단 신장잔율(%)	80 이상	
발화성		발화하지 않을 것	

출처: 방습공사 표준시방서(KCS 41 41 00)

방습층의 제 자리

그렇다면 방습층은 어디에 위치할까. 방습공사 표준시방서(KCS 41 41 00) 설명에 따라 소개한다. 먼저 바닥으로 말할 것 같으면 콘크리트, 블록, 벽돌 등의 벽체가 지면에 접하는 곳은 지상 100~200mm 내외 위에 수평으로 방습층을 설치한다. 예컨대 콘크리트 다짐바닥, 벽돌깔기 등의 바닥면에 방습층을 둘 때에는 잡석다짐 또는 모래다짐 위에 아스팔트 펠트나 비닐지를 깔고 그 위에 콘크리트 또는 벽돌 깔기를 한다. 잡석다짐, 모래다짐의 윗면은 아스팔트 펠트, 비닐지가 우그러들거나 찢어지지 않게 수평면으로 평활하게 다져 고른다. 아스팔트 펠트,

비닐지의 이음은 100mm 이상 겹치도록 하며, 겹침 부위는 방습테이프 등으로 마감한다.

벽에 방습자재를 둘 때는 단열재의 위치를 잘 봐야 한다. 만일 외단열인 경우 내부결로 방지를 위해 방습자재를 단열재보다 고온 측, 즉 실내 측에 설치해 수증기 이동을 차단한다. 물론 이때 떠오르는 고질적인 난제가 있을 것이다. 바로 사계절 온도 차가 극명한 우리나라에 여름과 겨울의 수증기압 방향이 바뀐다는 것. 역결로를 고려해야 하는 이유다. 이에 인기를 끌고 있는 제품군이 투습성까지 있는 가변형 방습지다. 조직에 있는 수많은 기공이 습도와 온도에 따라 습기를 흡수하기도, 방출하기도 한다. 특히 습기 방출 시 한 방향으로만 수분을 이동시키는 기능까지 더한 일방향 가변형 방습지까지 시중에서 만날 수 있다. 물론 비용이 고가인 것이 현재로서는 단점으로 꼽히나 건물의 유지 관리 비용, 실내 환경 유지 비용까지 생각한다면 투자 가치를 재고해 볼 필요가 있다는 게 업계의 중론이다.

방습공사 시 반드시 챙겨야 할 이것

바로 기밀성이다. 방습자재를 검색할 때 기밀 테이프 결과도 같이 뜨는 이유이기도 하다. 본질적으로 방습공사는 공기 중 수분을 제한하거나 제어하는 데에 목표가 있기 때문에 그것이 제대로 작동하기 위해서는 철저히 기밀한 환경이 선제적으로 필요하다는 이야기다. 기밀하지 않다면 누기와 침기로 다양한 하자가 생기는 것은 예정된 미래. 그러므로 섣부른 타카 한 방도 공든 탑을 무너트리게 하는 요인이 될 수 있다. 벽체와 지붕 등의 구조체뿐만 아니라 창호 연결부까지 방수층과 방습층을 꼼꼼하게 계획해 건물의 생명력을 강화해 보자.

SIGA의 일방향 가변형 방습지 제품 Majvest 200. 외부 벽체에 적용해 외피 내부의 습기를 투습하고 비를 막는 방수 성능이 있다.

3M의 건축용 기밀 방수 테이프 8067. UV 저항성, 습기 및 공기 차단 기능이 있다.

ISSUE 4

방수 시공의
순서와 방법은?

방수 시공의 기본 원칙은 구조물의 수평 및 수직 표면을 방수 재료로 적절하게 덮어
물의 침투를 방지하는 일이다. 구조체의 재료 특성 또는 부위에 따라 방수 시공의 절차가 상이하나,
일반적으로는 표면 처리, 방수 재료 도포, 보강 재료 적용, 연결부 처리, 건조 및 마무리, 검사 및 시험의
과정을 따른다. 주택전문건축회사 하우스컬처HAUS culture의 김호기 소장과 함께
방수 시공의 구체적인 방법을 알아보자.

-
인터뷰 **허보경**
인터뷰이 **김호기** HAUS culture 소장
사진 **하우스컬처**(별도 표기 외)

일반적인 방수 시공의 순서와 방법

1. 표면 처리
구조물 표면을 깨끗하게 청소하고 기포, 이물질, 부서진 부분 등을 제거한다. 표면이 매끄럽고 건조한 상태여야 한다

김호기(김): 콘크리트를 타설한 후에 그 면이 깨끗할 것 같지만 그렇지 않다. 코너 등에 콘크리트가 튀어나와 있을 수도 있고 여러 가지 이물질이 있다. 창호 개구부에도 톱밥과 타이핑 등 온갖 것들이 있다. 이러한 오염물로 인해 방수시트 부착이 어렵거나 누수의 원인이 될 수 있으니 전부 제거해야 한다. 콘크리트 면을 갈아내고 이물질을 깨끗이 제거하여 곱게 만들어야 한다.

2. 방수 재료의 적용
방수 재료를 롤러, 브러시, 스프레이 건 등을 사용하여 구조물 표면에 고르게 적용한다. 방수 재료는 구조물의 표면에 밀착되어야 하고 적절한 두께로 시공되어야 한다.

김: 벽과 벽이 만나는 연결 부위의 혹시 모를 균열을 꼼꼼히 채우고 그 위에 방수 재료를 한 번 더 도포해야 한다. 일례로 하우스컬처에서 지하 외벽에 침투형 폴리우레아[1] 방수재를 적용한적이 있다. 이 재료는 보통 옥상이나 지하주차장 바닥에 사용한다. 경화 속도가 빠르고 흘러내림이 없으며 요철 등 시공이 어려운 면에도 쉽게 도포할 수 있다는 특징을 참고하여 지하 외벽에 적용해보았다.

3. 보강 재료의 사용
필요한 경우 구조물의 취약한 부위나 코너 등에 보강 재료를 사용하여 추가적인 보강을 시행한다.

김: 방수 재료를 보강하는 일 또한 중요하다. 바닥과 벽이 만나는 부분에 1차 액체방수[2]를 도포하고 2차에 균열을 유도하여 액체방수를 한 번 더 도포한다. 그 후에 우레탄과 같은 도막방수[3] 재료를 덮고 그 위에 방수층을 보호하기 위한 보호층[4]을 형성한다.

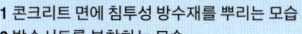

1 콘크리트 면에 침투성 방수재를 뿌리는 모습
2 방수시트를 부착하는 모습
3 균열, 구멍 등에 꼼꼼하게 방수재를 바른다.

1 구조체 타설 후 줄눈, 균열, 구멍 등에 꼼꼼히 방수재를 발라야 한다.
2 구조물 연결부위에 방수재(검정색)를 바른 후 방수 테이프로 보강했다.

4. 코너 및 연결부 처리
구조물의 코너나 다른 장치와의 연결 부분을 특별히 처리하여 방수를 보강한다.

김: 아파트 구조체의 연결 부분 방수는 물끊기[5]와 지수판[6]이 핵심이다. 구조체 콘크리트를 타설할 때 1층 벽과 2층 바닥을 한꺼번에 타설하고, 그다음 2층 벽을 올린다. 그러면 2층 벽과 2층 바닥이 만나는 부위에서 물이 샐 수 있다. 이를 방지하기 위해 그 사이에 각재를 둔다. 양생 후 해체하면 홈이 생긴다. 아파트 외부 면에 줄눈 같은 홈을 본 적이 있을 것이다. 그 홈이 바로 물끊기 역할을 한다. 비가 내려서 물이 흘러도 턱에 걸려 내부로 들어오지 못하고 외부로 흘러 내려간다.

지수판을 사용할 수도 있다. 벽체와 바닥 사이에 지수판을 설치하면 코너 등에서 물이 새도 지수판에 의해 물이 흘러 나간다. 옥상과 발코니에도 지수판을 설치하면 외부로부터 들어온 물이 지수판에 의해 차단된다.

5. 검사 및 시험

김: (하우스컬처에서는) 담수 테스트를 할 때 기본적으로 일주일을 지켜본다. 공간에 물을 채우고 시간과 양을 본다. 실제로 마지막 날 미세한 누수가 발생하여 물을 전부 빼고 누수 근원지를 찾아 방수를 보강했었다.

담수 테스트 모습

재료별, 부위별 방수 시공의 예시

콘크리트 구조체

김: 겨울 공사 때 폼을 뜯어보니 콘크리트가 마르지 않았었다. 콘크리트 타설 후에 액체방수를 도포하고 건물 전체에 천막을 덮었다. 표면이라도 말리고자 열풍기를 가해 양생시켰다. 천막을 덮은 이유는 비에 젖지 않게끔 하기 위해서다. 비를 맞으면 마르는 데 시간이 걸리고 젖은 상태에서 경질우레탄폼을 뿌리면 접착도 안 되고 습기가 빠져나가지 않는다.

단독주택 양생 모습

콘크리트, 박공지붕

김: 콘크리트 박공지붕의 경우 타설 후 액체방수를 도포한다. 양생 후에 균열 등을 대비하여 도막방수재로 표면을 다시 한 번 덮고 그 위에 경질우레탄폼을 뿌려 한 번 더 보완해 주어야 한다. 박공지붕을 만들려면 뒤집어 놓은 바구니 형상의 틀에 콘크리트를 붓는다. 이때 콘크리트 반죽 질기의 정도가 높으면 콘크리트가 묽어 흘러내리고, 이와 반대로 반죽 질기의 정도가 높으면 콘크리트가 형상을 유지할 수는 있지만 밀실하지는 않다. 밀실도를 확보하지 못한 상태에서 지붕이 비를 맞으면 하자가 생길 우려가 있다. 이러한 문제를 보완하기 위해 시멘트와 방수액을 섞어 1차로 미장 작업을 해주면 콘크리트의 밀실하지 않은 부분을 보완할 수 있다.

단독주택 지붕 미장방수

로쏘블라스7)의 지붕용
투습방수지 적용 모습

목조, 박공지붕

김: 목조의 경우로 설명해보자면, 지붕 구조물에 투습방수지를 씌우고 실내 습기를 배출할 수 있는 통기층을 만든다. 이 통기층은 실내에서 지붕 방향으로 공기가 순환할 수 있도록 만드는 구조로 설계해야 한다. 공기가 순환할 때 실내의 습기까지 함께 배출될 수 있는 원리를 이해해야 한다. 그다음으로는 합판을 덮고 시트로 한 번 더 덮는다. 정리하면, 비가 올 때 1차로 지붕 외장재가 물을 막아내고 2차로 시트가 막아준다. 3차로 투습방수지와 통기층이 미세한 빗물과 습기를 막아준다.

평지붕, 발코니, 옥상

김: 외부로부터 들어오는 물을 집에 가두지 않고 밖으로 나갈 수 있는 구조로 만들어야 한다.

방수에서 가장 중요한 때는 비가 시간당 50mm, 100mm 내릴 때의 대응이다. 가둬진 물을 얼마만큼 빨리 배출할 수 있는가 하는 점이 방수의 핵심이기도 하다. 순간적으로 엄청난 양의 비가 내리면 무릎까지 물이 차오르기도 한다. 바닥 배수로 나가는 속도에 비해 차오르는 속도가 더 빠르기 때문이다. 추락 방지를 위해 발코니 턱을 높게 올리면 발코니 쪽으로 물이 나가지 못하고 실내로 향한다. 이때 오버플로우가 중요한 역할을 하며 오버플로우는 물이 차오를 때 1차적으로 물을 내보내는 기능을 한다. 평지붕이나 발코니 등 물이 쉽게 차오르는 구조에 적용할 필요가 있고 1년에 한 번 쓸까 말까 하는 기능이라고 생각할 수 있지만 그 한 번으로 인해 방수 하자가 생길 수 있다는 점을 알아야 한다.

물받이

김: 물받이 방수는 시공사마다의 방법이 다르고 매립 물받이인지 노출 물받이인지에 따라, 한국식, 일본식, 유럽식에 따라서도 다르다. 예를 들어 매립 물받이의 경우 1차로 금속이나 FRP 등의 재료로 마감하고 2차로 시트를 씌우고 3차에 강판으로 접어 방수 계획을 할 수 있다. 노출 물받이의 경우 지붕면에서 흐른 빗물을 바깥쪽으로 내보낼 수 있는 구조로 계획해야 한다. 우리나라 기성품들 중 지붕에 접하는 면의 높이보다 바깥에 접한 면이 더 높은 경우가 있다. 그러면 지붕면을 따라 흘러내린 빗물이 튀어올라 처마 틈으로 들어가거나 빗물이 물받이에 찼을 때 역류하여 내부로 넘치는 문제가 생기기도 한다.

일본 배수구는 지름이 50ø이고 물받이를 설치할 때 외벽이나 대들보 등으로부터 일정 거리만큼 떨어뜨려 브라켓으로 고정한다. 반면에 우리나라는

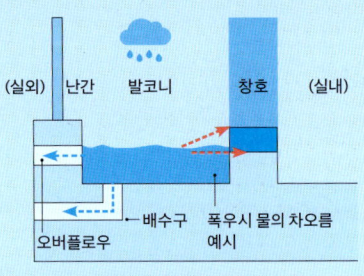

폭우시 물의 차오름과 이동 방향 개념도

― ― ― 잘못된 물의 방향: 창호 프레임과 구조체 틈 사이로 유출된다
― ― ― 건물 밖으로 배수 흐름을 유도해야 한다

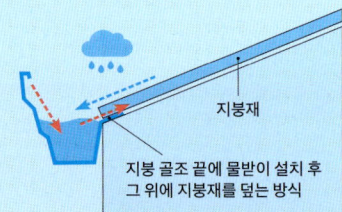

지붕 골조 끝에 물받이 설치 후 그 위에 지붕재를 덮는 방식

― ― ― 잘못된 물의 방향: 물받이 내에서 물이 넘치는 경우 지붕 골조와 지붕재 사이로 물이 흘러 들어갈 수 있다
― ― ― 물이 지붕 경사면을 타고 물받이에 고인 다음 배관을 타고 건물 밖으로 배출될 수 있어야 한다

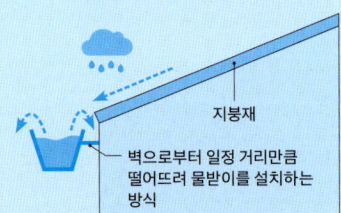

벽으로부터 일정 거리만큼 떨어뜨려 물받이를 설치하는 방식

― ― ― 물받이의 물이 넘쳐 건물 방향으로 나가더라도 건물 내로 침입하기는 어렵다

물받이 형태와 시공에 따른 물 이동의 차이

> **Tip** 기밀 테이프와 방수 테이프의 차이점
>
> 기밀 테이프는 통풍과 습도 배출 등의 생활 방수 정도의 기능을 한다. 반면에 장기간 내리는 비에는 손상될 우려가 있다. 창호의 방수 시공에 기밀 테이프보다 방수 테이프를 추천한다.

물받이가 처마에서 이어져 내려오는 형식이고 배수구 지름도 훨씬 넓다. 어떤 원리와 차이가 있을까? 일본 물받이는 벽과 떨어져 있으니 물이 벽이나 지붕으로 들어가기 어렵고 바깥으로 나가게 된다. 따라서 빗물 정도만 받으면 되기 때문에 배수구 지름이 50ø으로 충분하고, 100ø 이상의 배수구를 달더라도 장마비는 감당할 수 없다는 것이 일본 건축계의 주장이다.

창호

창호 프레임을 구조체 위에 시공하고 나면 그 사이에 미세한 틈이 있어 물이 침투할 우려가 있다. 그 틈을 방수 성능이 있는 경질우레탄폼 등으로 채우고 2차로 창호 주변의 표면을 정리한 후 코킹 작업을 한다. 3차로는 기밀 테이프 혹은 방수 테이프를 붙이고 4차로 마감재와 실리콘으로 마무리를 한다. 코킹은 경화된다는 특징이 있는데 시간이 흘러 말랑말랑한 실란트가 딱딱하게 굳어 신축성이 사라지면 미세한 외부 충격에도 균열이 생기거나 떨어질 수 있다. 그래서 기밀 테이프나 방수 테이프와 같은 재료로 코킹을 보강해야 한다. 테이프 또한 시공 중의 용접이나 기타 작업에 의해 찢어지는 등 손상이 있을 수 있으나 안쪽의 코킹이 누수를 방지할 수 있다.

1) 침투형 폴리우레아: 폴리우레아Polyurea는 부식 방지를 위한 코팅제에 사용되는 소재이며 침투성 방수 성능이 더해진 방수재를 침투형 폴리우레아라고 일컫는다. 침투성 방수재의 방수 원리는 콘크리트의 미세공극을 따라 침투하여 수막을 형성하고 콘크리트 성분과 화학작용을 통해 결합 및 확산하는 것이다. 일반적으로 스프레이를 활용해 시공하며 온도, 습도, 열, 냉기 등의 영향을 적게 받아 시공이 용이하다.

2) 액체방수: 방수제와 물, 모래, 시멘트 모르타르 등을 혼합하여 사용하는 방법이고 구배가 확실한 경우에 사용하는 것이 좋다.

3) 도막방수: 아스팔트나 우레탄 등의 재료를 원하는 부위에 칠하여 균일한 두께를 형성해 방수막을 만드는 방법이다.

4) 보호층: 방수층은 시공 중 도구에 의한 손상, 온도변화로 인한 주기적 변형, 자연재해, 보강 등 다양한 요인으로 인해 노화되거나 파손될 수 있다. 이를 방지하기 위해 방수층을 덮어 보호층을 설치할 필요가 있다.

5) 물끊기: 표면장력 작용으로 인한 물의 이동과 침투를 막는 처리 방법을 의미한다. 건물의 파라펫이나 창호 하부 등 외벽의 돌출부에 물끊기 처리를 하지 않으면 눈이 녹거나 빗물이 돌출부를 타고 흘러 외벽을 오염시키거나 미세한 틈이나 균열부에 스며들기도 한다. 창호 돌출부 밑면에 홈을 내거나 금속판을 접는 등 낙수를 유도하는 방식으로 처리할 수 있다.

6) 지수판: 침수와 누수 방지 목적으로 옹벽, 콘크리트 구조체, 콘크리트 조인트 등의 부위에 시공하는 PVC 소재의 판이다. 유연성이 높아 콘크리트의 수축과 팽창에 대비할 수 있고 이음캡을 활용하여 지수판끼리 연결해 다양한 형태로 설치할 수 있다.

7) 로쏘블라스코리아는 이탈리아에 본사를 둔 목구조 하드웨어 기술 회사이다. 「GARM 16 건축 하드웨어」에서 소개된 바 있다. 하우스컬처에서는 로쏘블라스코리아의 목조주택 지붕용 원루프 투습방수지와 방수 테이프를 사용했다. 김호기 소장의 경험에 의하면 준공 이후 누수 발생 여부에 따라 시공 당시 사용한 제품의 성능을 신뢰할 수 있게 된다고 한다. 본 인터뷰에서 김호기 소장이 언급한 로쏘블라스의 목조주택 지붕용 원루프 투습방수지와 방수 테이프가 바로 그 제품이다.

김호기

김호기 소장은 일본 종합 건설업체 타니가와를 거쳐 현재는 세종시에서 하우스컬처를 운영한다. 더 나은 주택문화를 위한 시공 방법과 하자 대비책을 연구하고 그 노하우를 하우스컬처 SNS에 공유하고 있다. 하우스컬처는 철근콘크리트, 경량목구조, 중목구조 등 시공 전문가들로 구성된 회사이며 단독주택을 주력으로 한다. 연계 회사로 Building Culture(상업건축건설회사), Interior Culture(주거, 상업인테리어 회사), WOOD Culture(목조건축건설회사)가 있다. 2022년 한국패시브건축협회 회원사로 입회했다.

ISSUE 5

방수 시공에서
반드시 지켜야 하는
방수 방법, 흔한 실수

방수 시공을 제대로 하지 못하면 시공 중 혹은 준공 후 누수와 같은 결함이 나타나게 된다.
이러한 실수는 기존에 이론으로 배운 내용과 실제 현장에서의 시공 상황 간의 차이로 인해 발생한다.
김호기 소장은 하자를 줄이기 위해 건축공사 시작 단계부터 투자를 결심했고 현장에서의 실무 경험을 통해
구조적·체계적 방수 시공 방법을 고민해왔다.

-
인터뷰 **허보경**
인터뷰이 **김호기** HAUS culture 소장
사진 **하우스컬처**(별도 표기 외)

방수 시공에서의 주요 다섯 가지 실수와 일반적인 해결 방법

불충분한 표면 처리
건축 구조물의 표면 청소가 충분히 되지 않았거나 부실한 표면 처리로 인해 방수 재료가 제대로 밀착되지 않는 경우가 있다. 표면 처리 상태는 피복 재료의 밀착력과 방수성에 영향을 미칠 수 있다.
> 해결 방법: 구조물 표면을 깨끗하고 부드러운 상태로 만들어야 한다. 표면의 오염물, 기름, 먼지 등을 철저히 제거하고 부식, 파손된 부분은 보수하여 매끄럽고 건조한 상태로 준비해야 한다.

잘못된 방수 재료 선택
건물의 특성, 사용 환경 및 방수에 필요한 요건을 고려하지 않거나 정보 부족으로 인하여 잘못된 방수 재료를 선택하는 경우가 있다. 이러한 경우 방수 성능이 저하됨은 물론이고 장기적인 문제가 발생할 수 있다.
> 해결 방법: 방수 재료의 내구성, 저온 유연성, 우수한 밀착력, 노화 저항성 등을 충분히 고려하여 적절한 방수 재료를 선택해야 한다. 제조업체의 기술 자료, 시험 보고서, 현장 평가 등의 내용을 참고하여 적절한 방수 재료를 선택하는 일이 중요하다.

시공 기술 부족
방수 시공의 기술적 절차와 요소를 충분히 이해하지 못한 경우, 방수 재료의 적절한 적용 기술을 사용하지 않거나 규정된 시공 절차를 간과하게 된다. 이로 인해 방수 재료의 밀착성, 균일한 두께, 연결 부위 처리 등에서 문제가 발생한다.
> 해결 방법: 적절한 훈련과 자격을 갖춘 전문 시공자를 고용하고, 제조업체의 권장 사항과 시공 절차를 엄격하게 준수해야 한다.

연결 부위 처리의 부족
구조물의 코너, 연결 부위, 팽창 접합 등의 처리가 부적절한 경우, 방수 재료의 연결성이 약해지고 누수가 발생할 수 있다.
> 해결 방법: 코너 처리, 보강 재료 사용, 적절한 방수시트 연결 등을 통해 연결 부위 처리를 강화해야 한다.

환경 요인에 대한 대비
방수 시공 시 날씨 조건, 온도, 습도 등의 환경 요인이 방수 시공의 성능과 품질에 영향을 미칠 수 있다. 예를 들어 너무 높은 온도에서 시공하면 방수 재료의 건조를 방해하고, 습한 환경에서는 방수 재료의 밀착력을 저하시킨다.
> 해결 방법: 이러한 환경 요인을 고려하여 충분한 건조 시간을 확보하고 폭염이나 장마에 대비할 수 있도록 시공 일정과 환경을 조정해야 한다.

'흔한 실수'에 대한 팁^{tip}

역전지붕^{inverted roof system 1)} **구조를 적용해 콘크리트 파단을 방지하라.**

김호기(김): 과거에는 방수층 위에 보호층 역할로 보호모르타르와 무근 콘크리트를 시공했는데 콘크리트의 신축·팽창하는 성질로 인해 파라펫을 밀어내며 방수층이 깨지거나 방수층과 외장 부재 사이에 균열이 발생했다. 내단열 지붕의 경우 온도 변화에 더욱 민감하여 보호층 무근 콘크리트로 인한 하자 사례가 빈번했다. 이후 이를 대비하고자 신축줄눈을 시공하지만 콘크리트의 신축·팽창 성질로 인해 줄눈을 기준으로 밀어내는 현상이 생기거나 줄눈에서 균열이 생기는 등의 문제가 방수 하자에도 영향을 미쳤다. 무엇보다 누수가 발생할 경우 원인을 찾기 위해 콘크리트를 걷어내고 다시 시공하기는 쉽지 않은 일이다.

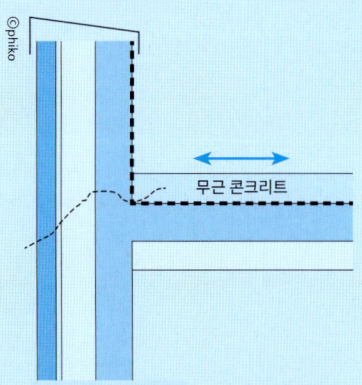

무근 콘크리트의 신축·팽창으로 인한 균열

한국패시브건축협회 제안에 의하면 역전지붕 구조를 적용하여 이러한 문제를 보완할 수 있다. 역전지붕이란 방수층을 구조체에 바로 시공하고 그 위에 단열재를 설치하는 방식이다. 예를 들어 코너 등의 부위에 액체방수를 도포하고 바닥면의 콘크리트를 갈아 이물질을 제거한다. 그 위에 자착식 방수시트로 보강한 후 단열재를 설치하는데 단열재는 교차시공 방식을 적용한다. 그 후에 수분으로부터 단열재를 보호할 수 있도록 투습방수지를 덮고 이음새를 방수 테이프로 마감한다. 가장 마지막에는 조경용 배수 드레인을 설치해 원활한 배수와 방수층을 확보하고 쇄석으로 마무리한다. 쇄석은 지금까지 설치한 재료들이 바람에 날아가지 않도록 눌러주는 역할을 하면서 낙엽등의 이물질이 배수구를 막지 않도록 방지해준다. 또한 혹시 모를 누수 상황에서 보호층을 걷어내야 할 경우 시공과 유지 관리가 용이하도록 하기 위함이다. 역전지붕 구조에서 유의할 점은 두꺼운 단열재를 설치할 수 있을 만큼의 깊이감이 필요하다는 것이다.

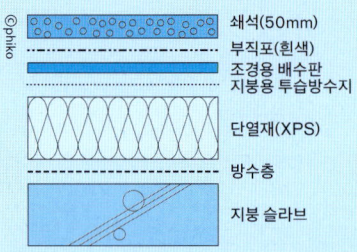

역전지붕의 구성 예시

콘크리트의 습기에 주의하라.
김: 콘크리트에 배합되었던 물은 콘크리트 양생 후 그 수분이 완전히 없어지기까지 몇 년의 시간이 걸린다. 육안으로 보았을 때 건조된 것 같이 보이더라도 콘크리트 속 수분은 그대로 남아있다. 그러나 현실적으로는 콘크리트가 완전히 건조되도록 기다리기에 공사 기간이 충분하지 못하다.
 콘크리트 위에 방수층을 형성할 때 액체방수는 콘크리트와 같은 계열이므로 습기가 빠져나갈 수 있지만, 도막방수는 막으로 인해 습기가 빠져나가지 못해 오히려 하자의 원인이 되기도 한다. 무조건 물리적으로 물을 차단하기 보다는 구조체와 방수재의 소재 간 관계성, 수분 이동의 원리를 파악하여 방수 설계 및 시공에 대응해야 한다.

지하 외방수가 어렵다면 보완할 수 있는 방향을 찾아보라.
김: 지하의 외방수는 공사 비용과 인접대지 공간 확보 여부로 인해 어려움이 생긴다. 구조체 주변부의 토사를 걷어내고 공간을 확보할 수 있다면 외방수가 어렵지 않다. 그러나 만약 지하 3층 이상 깊이 내려가게 된다면 굴착이 어렵고 사람이 직접 방수를 할 수도 없다. 이럴 때 구체방수 방법을 사용한다. 래미콘 출하 때 앞에서 방수액을 들고 대기하다가 래미콘이 도착하면 바로 붓는다. 래미콘이 출발해 현장으로 가는 동안 콘크리트와 방수액이 혼합되어 현장에 도착한다. 콘크리트 자체로도 방수 역할을 하지만 방수액을 섞음으로 인해 그 기능을 보강할 수 있다. 이론상으로는 혼합비율에 있어 화학 첨가물을 넣는 방법이기 때문에 콘크리트 강도에 영향을 미치게 된다는 우려가 있음을 주의해야 한다.

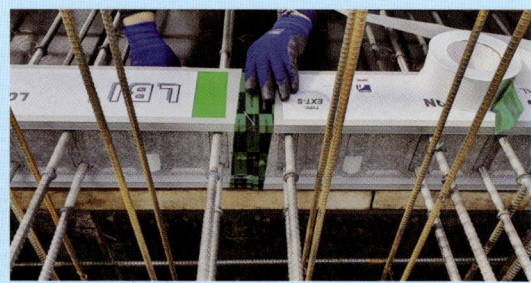

캐노피 연결 부위에 ㈜정양SG[3]의 고성능 열교차단 단열구조체 LBN Modular 제품을 설치했다.

발코니, 캐노피 등에 열교차단재[2]를 시공하라.

김: 발코니, 캐노피 등은 구조체로부터 돌출된 형태이므로 열을 쉽게 받게 된다. 혹은 구체와 데크를 한 번에 타설할 경우 시공비 절약과 구조적 안정성 면에서 장점이 있으나, 데크에 균열이 생겨 물이 침투하게 되면 철근을 타고 물이 실내로 들어가게 된다. 이럴 때 열교차단을 위해 캐노피, 파라펫 및 벽체 하부 등의 부위에 열교차단재를 시공하면 열교를 차단하고 곰팡이 발생도 방지할 수 있다.

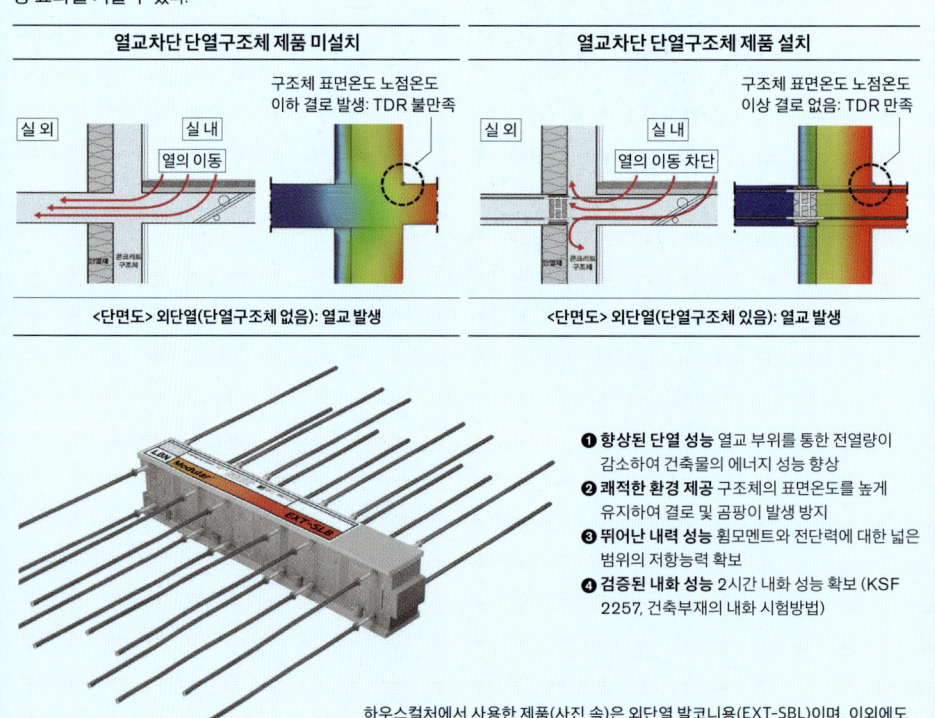

열교차단 단열구조체란?

외단열 시공에도 불구하고 발코니 또는 캐노피와 같이 외부로 돌출된 구조체가 있는 경우 해당 부위에서 불가피하게 단열 구간이 끊기게 된다. 이때 다량의 열이 손실되는 열교현상이 발생하며 이에 따라 건물의 에너지 성능이 저하된다. 구조체 연속으로 불가피하게 단열 결손이 발생하는 부위의 철근콘크리트 구조체 내부에 구조용 열교차단재를 시공하면 열교를 차단하여 건물의 단열 및 에너지 성능 극대화할 수 있고 결로 및 곰팡이 방지, 유지관리비 절감, 쾌적한 실내 환경 등 효과를 거둘 수 있다.

❶ 향상된 단열 성능 열교 부위를 통한 전열량이 감소하여 건축물의 에너지 성능 향상
❷ 쾌적한 환경 제공 구조체의 표면온도를 높게 유지하여 결로 및 곰팡이 발생 방지
❸ 뛰어난 내력 성능 휨모멘트와 전단력에 대한 넓은 범위의 저항능력 확보
❹ 검증된 내화 성능 2시간 내화 성능 확보 (KSF 2257, 건축부재의 내화 시험방법)

하우스컬처에서 사용한 제품(사진 속)은 외단열 발코니용 EXT-SBL이며, 이외에도 내단열 슬라브, 파라펫, 벽체용 제품이 있다.

구조체에 적합한 방수 재료를 선택하는 것이 중요하다.
김: 방수 재료 성분에 관한 내용은 제조 회사나 시공자들에게 문의할 수 있다. 한편, 건축공사에서는 철근콘크리트, 목조 등 구조체에 따라 공간 부위에 따라 어떤 방수재를 어떻게 적용할 것인가를 고려해야 한다. 콘크리트와 같은 신축·팽창 계열에 적합한 방수 재료 계열이 무엇인지, 다른 재료를 적용해야 한다면 어떤 공법으로 보완할 수 있는지 등 재료 성분과 응용 방법을 고민해야 한다. 예를 들면 철근콘크리트 주택의 경사지붕에 액체방수를 도포한 후 도막방수재를 한번 더 도포하고 그 위에 방수시트를 덮을지, 어떤 공법을 적용할지를 계획한다. 또한 방수층을 보호하는 방법도 고민해야 한다.

 단편적인 사례로 목조주택 화장실 방수에 우레탄만 사용하는 곳이 있다. 하자가 없으면 그 방법을 계속 쓴다. FRP, 방수시트 등 시공 후 문제가 생기지 않는다면 그 방법을 계속해서 적용하게 된다. 그러나 현장에서 다양한 제품과 공법을 실험하고 적용해보고 경과를 지켜보며 그 성능을 확인해야 한다.

연결 부위에서의 방수 재료 찢김을 유의해야 한다.
김: 옥상 코너 등의 연결 부위에 방수 재료를 적용할 때 외부 압력에 의해 방수 재료가 쉽게 찢기거나 깨질 수 있다는 문제점이 있다. 그럴 때는 콘크리트 모양을 낼 때 사용하는 삼각기둥 형태의 면끼를 설치하고 그 위에 방수 재료를 적용한다. 그러면 방수 재료가 코너에 부드럽게 감긴다. 직각과 유선형의 차이다.

 비가 많이 오는 일본에서는 목조주택 시공을 많이 하고 기본적으로 FRP 방수를 적용한다. FRP는 물탱크나 선박의 바닥면에 적용되는 재질을 일컫는데 가정집의 하얗고 매끈한 욕조가 FRP로 만들어진 것이다. 한국에서도 한때 FRP 방수를 많이 사용했으나 하자 발생으로 인해 사용량이 감소했다. 바로 앞에서 언급한 이유와 같은 맥락이 원인이었다. FRP 재료 특성상 목조가 움직일 때 방수층이 틀어지면서 깨졌기 때문이다.

© phiko
금속 후레싱
수직 벽체 덮개
보강층
2차 방수
1차 방수
코너에 적용된 미네랄울

미네랄울을 사용해 삼각형 모양을 만들어 코너 처리하는 방법 예시

1) 역전지붕: 기존에는 구조체 위에 단열재를 설치하고 그 위에 방수층을 시공하는 방식이 통용되었다. 이 경우 구조체로부터 발생된 습기가 방수층으로 인해 외부로 배출되지 못하고 단열재에 남아 곰팡이를 일으키거나 단열 기능을 상실하게 만든다. 또한, 외부에 직접적으로 노출된 방수층은 온도변화, 자연재해로 인한 외력, 보행 등에 의해 파손될 우려가 크다. 이러한 문제의 보완책으로서 단열재와 방수층의 위치를 바꾼 역전지붕 구조가 고안된 것이다. 역전지붕 구조의 장점은 방수층이 외부에 직접 노출되지 않기 때문에 외력에 의한 파손 가능성이 줄고 단열재로 보호되어 방수의 성능이 지속성을 가질 수 있다는 것이다. 그리고 외단열을 기본 전제로 구현할 수 있어 에너지 효율을 높이는데 일조할 수 있다.

2) 열교차단과 열교차단재는 『GARM 22 단열』 참고.

3) 정양SG: 1986년 설립 이래 건축 단열 분야에서 지속적인 기술개발을 바탕으로 고품질의 단열 솔루션을 제공하는 열교차단 전문 제조기업이다. 인터뷰에서 언급된 구조용 열교차단재(열교차단 단열구조체)는 중소벤처기업부와 국토교통부 정부과제를 통해 7년 이상 연구하여 개발에 성공한 제품이다. 열교차단재에 적용된 핵심 신기술과 제품의 품질을 인정받아 산업자원통상부 NEP(신제품, new excellent product), 조달청 우수제품, 조달청 혁신제품 인증을 보유하고 있다.

ISSUE 6

건물의
누수 진단 방법과
해결은?

누수 해결책을 강구하기 위해서는 침투수 및 유입수의 시작 지점을 찾는 일이 핵심이다.
육안으로 누수 근원지를 발견할 수 있다면 단순한 절차로 해결할 수 있지만,
그렇지 않은 경우에는 건물을 해체할 수 없기에 근원지를 찾기 어렵다.
누수 시작점을 파악할 수 있는 절차를 알아보고 누수 점검 사례를 통해 실제를 살펴본다.

글 허보경

누수 시작점을 파악하는 3단계

누수 탐지는 크게 3단계로 구분하여 조사를 실행하며, 누수 상황과 진단 결과에 따라 단계를 조정할 수 있다. 예를 들어 육안 조사로 누수 근원지를 찾고 적합한 방수재와 공법까지 파악했다면 2, 3차 단계를 거치치 않고 보수 시공을 진행할 수 있다. 그러나 2차 조사에서 명확한 근원지를 파악하지 못했거나, 기존의 방수재 및 공법에 문제가 있을 경우 3차 조사를 통해 보완할 수 있는 방향을 추가적으로 고려하여 시공에 착수해야 한다.

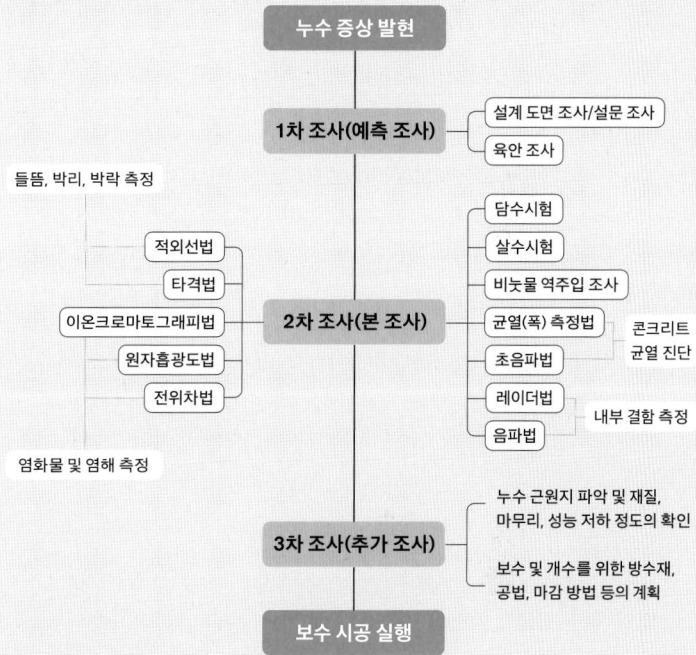

누수 조사부터 보수 시공까지의 단계를 나타낸 개념도.

조사 전, 방수 정보를 파악한다.

본격적인 누수 탐지에 앞서 기존의 방수 정보를 파악하여 진단 평가 시에 참고할 수 있도록 준비해야 한다. 건물의 구조, 방수 설계 내용, 사용된 방수 재료 및 공법, 경과 연수, 수선이력, 전기 및 설비 기계도면과 시공 현황 등을 모두 종합하여 건물 전체와 누수 지점 간의 원리를 파악할 수 있어야 한다.

> **누수 원인 조사를 위한 항목**
> - 누수가 발생한 지점과 건물 부위
> - 비가 내릴 때 누수가 시작되는 시간 차
> - 비가 그친 후 누수의 상황
> - 누수의 정도
> - 강우량, 풍향, 바람의 세기 등 누수에 영향을 미치는 기상조건

1차 조사 실시
예측 단계로서 육안 조사, 설계 도면 조사, 설문조사[1] 방법이 있다. 누수 범위와 상황에 따라 단일 방법 적용 혹은 동시 적용할 수 있다. 1차 조사 단계에서는 2차 조사의 필요성 파악과 조사 항목의 설정을 목적으로 시행해야 한다.

> - 설계 도면을 토대로 실의 단면도, 평면도, 누수위치도 등을 비교하여 분석한다. 이를 통해 상·하층 용도 및 구성에 따른 누수 영향, 초기 방수 설계상의 문제점 등을 파악한다.
> - 주요 분석 내용으로는 접합부 시공의 물 흐름 방향 반영 사항, 수밀성이 요구되는 부위의 방수 설계 내용, 방수층의 상호 겹침 시공 현황 등이 있으며 이러한 상황을 면밀히 분석하여 누수 원인 및 경로를 도출할 수 있다.

2차 조사 실시
2차 조사는 방수 성능 저하 상태를 파악하여 보수 여부 및 보수 공법을 선정하기 위한 단계이다. 방수층 결함 이외의 부분으로 인해 누수가 발생하는 경우가 있으며 결로 현상과 같이 복합적 원인의 경우 1차 조사만으로 판명하기 어려워 2차 조사 단계가 필요하다.

> - 평탄부 누름층, 들뜸부 누름층, 배수구, 드레인, 파라펫 상단, 난간, 들뜬 외벽부 순으로 표면에 보여지는 방수 성능 저하 현상을 확인한다. 이와 동시에 이러한 요인으로 인한 방수층 내측의 누수 발생 가능성까지 고려하여 진단해야 한다.

3차 조사 실시
2차 조사의 부족한 사항을 추가적으로 조사하여 정밀한 데이터를 수집한다. 진단에 있어서는 물끊기 부위의 재질, 마무리, 방수 성능 저하 정도를 확인하고, 보수 및 개수를 위한 처리 및 마감 방법 등을 고려한다.

누수탐지를 위한 다양한 방법

오늘날 누수탐지 기술은 줄자를 활용한 육안관찰 조사부터 인공지능 기반의 솔루션까지 폭넓게 발달되어 있다. 누수 상황에 따라 적합한 기술을 활용하는 것이 중요하며, 일반적으로 사용되는 방법을 소개한다.

담수시험 문제 부위의 보호층을 걷어내고 색소를 혼합한 물을 채워 담수시험을 한다. 물의 높낮이에 따라 수압과 부력(단열재 등)의 상호 작용을 파악할 수 있다.

산수, 주수 의심 부위에 물을 뿌려 누수 유무를 판별한다. 수직 또는 경사면이면서 방수 디테일이 복잡한 부위에 적절한 방법이다. 추적이 어려운 경우에는 색소를 활용할 수 있다.

국부파괴 의심 부위의 보호층을 철거하고 방수층을 직접 육안으로 관찰하는 방법이다. 이를 통해 방수층의 손상 상태나 균열 상황에 대한 직접적 판별이 가능하다.

열화상 카메라 열 감지 카메라로 건물의 표면 온도를 조사하여 물이 새는 곳과 경로를 파악할 수 있다. 누수와 결로의 위치, 피해 범위까지 추정할 수 있으며 건물을 파괴하지 않고 단시간에 조사할 수 있는 방법이다.

가스누수탐지 누수 부위에 가스주입용 헤드를 부착하고 트레이스 가스 trace gas를 침입경로의 역방향에서 주입하여 누설되는 가스를 추적해 침입부를 찾아내는 방법이다. 필요에 따라 방수층 또는 마감재를 철거하는 경우가 있다. 그러나 가스가 나오는 부위가 반드시 누수 침입부라고 단정할 수 없다. 가스 누설부의 디테일에 관한 추가 조사가 필요하다.

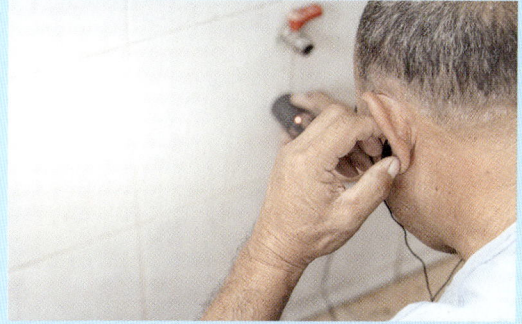

청음식 탐지 증폭기 센서와 헤드폰 등으로 구성된 기기를 활용하여 누수음을 감지하는 방식이다. 배관에서 물이 샐 때의 소리, 압력을 받아 진동하는 소리, 파이프를 울리는 소리 등을 중심으로 탐지하며 기술자의 실력에 의존한다. 소음이 심한 곳이나 배관 구조가 복잡하면 탐지가 어렵다.

누수 점검 사례 Case study

누수 솔루션 전문 기업인 리크솔루션(주)의 누수점검기술 점검보고서(2023)
내용을 기반으로 누수 원인 조사와 대책 마련 과정을 알아볼 수 있도록 재구성했다.

① 현황

개요 5층과 4층 세대에서 누수가 발생했고 그 부위가 유사하다. 그러나 누수 발생의 양상에는 일부 차이점이 있다. 한편, 누수되는 5층 윗세대에서 테라스의 기존 방수층과 마감재를 철거하고 바닥 방수를 다시 시공했고 옥상에서도 바닥 공사를 한 이력이 있다.

5층, A씨
누수 발생 부위: 주방 천장, 안방 창호 상부
"입주 후 간헐적으로 누수가 발생했으나 6층, 옥상 공사 이후에는 일시적으로 누수 현상이 없었다. 그러나 최근 폭우 때 다시 누수가 발생했다."

4층, B씨
누수 발생 부위: 안방 창호 상부
"입주 후 비가 오는 날마다 안방 정면 창의 상부에서 누수가 발생했다. 6층, 옥상 공사 이후에도 계속해서 누수가 발생했고 폭우 때도 동일한 현상이었다."

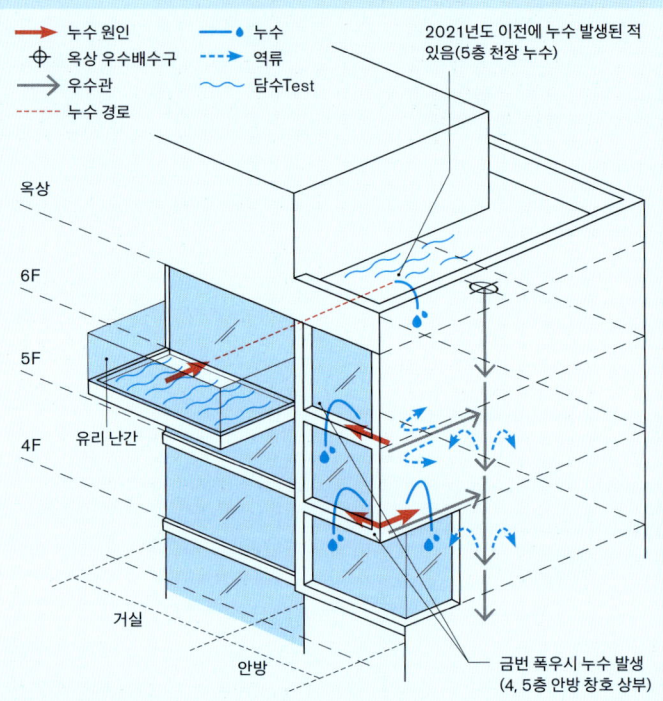

② 누수탐지

A, B씨의 진술과 6층, 옥상층 공사 정황을 고려했을 때 방수 하자가 의심되는 곳은 6층 테라스와 6층 안방 앞, 옥상(6층 안방 상부)이다. 누수 근원지로 추정되는 세 곳을 중심으로 육안 조사와 담수 테스트를 실시했다. 담수 테스트는 폭우 시 발생할 수 있는 바닥 수위를 감안하여 배수구를 막은 후 약 100mm 높이까지 물을 담아 진행했다. 난간 틈새로 물이 배출될 때까지 24시간 이상 유지하고 지켜보았다.

건물 부위	6층 테라스	6층 안방 앞	옥상
조사 방법	담수 테스트	육안 조사	담수 테스트
기간	2일		2일
결과	담수테스트 2일차에 5층 주방 부근에서 누수가 발생했다! 6층 테라스 방수 재공사 이전 누수가 발생한 위치이기도 하다.	창호 하부 면의 방수층 탈락 또는 균열 발생의 가능성을 추정하여 구체적으로 살펴보았다. 그러나 상태는 양호했다. 재공사로 인한 누수 가능성은 매우 희박한 것으로 보인다.	담수 시에는 누수 없이 퇴수 시에만 4층 안방의 창호 상부에서 누수가 발생했다!

③ 누수 양상 분석

이 단계에서는 추가 조사와 누수 양상 분석을 병행하였다. 건물 형태의 특성상 배관이 계단처럼 여러 차례 꺾이는 형태이고 배관 지름이 50mm로 작다. 누수의 직접적 원인이 아닐 수 있으나 배수 능력의 저하 또한 영향이 있었을 것으로 추정된다.

6층 테라스 우천 시 배수 능력을 검토하고자 시간당 우수량과 그에 따른 배수 범위 값을 측정해보았다.[2] 배관 계통 도면을 입수할 수 없어 정확한 산정이 어려움을 감안한다. 우천 상황 때문인 누수는 매우 희박하나, 테라스 측 창호 하단 창문틀과 방수턱 사이 방수층 결함을 발견하였다. 일반적인 폭우로 테라스 바닥의 수위가 상승하게 된다면 창호 하단부 방수층의 미세한 결함을 통해 실내로 물이 유입될 가능성이 있다.

옥상 퇴수 시 발생한 누수 현상은 배관 주변 또는 배관 연결부 등의 결함 또는 배수능력이 떨어져 우수관으로 역류하는 문제일 것이다. 설비 도면을 입수하여 배관 현황을 살펴보았고 에어컨 냉각수 배관이 안방 캐노피 측(4, 5층에서 폭우 시 누수 발생했던 부위)에 설치되어 있음을 알 수 있었다. 에어컨 냉각수 배관을 옥상 우수관에 연결하여 시공했을 것이고 옥상 우수관을 통해 역류한 물이 냉각수관을 삽입한 연결부위로 넘쳐 들어왔을 것으로 추정했다.

④ 보수 가능성 확인과 대책 방안

거주자 피해를 최소화하고 공사 가능 범위 내에서 진행할 수 있는 보수 시공 방안을 고안하였다. 4, 5층 누수의 직접적 원인에 적합한 대책과 건물 전반의 배수 능력 보강에 관한 계획을 마련했다.

6층 테라스 초기 제안은 매립형 드레인으로 교체하고 난간 측에 오버플로우 시공을 하는 것이었다. 그러나 외장돌 속 우수관 교체가 어렵고 강화유리 난간 금속 매립 하우징으로 오버플로우 시공이 불가하다. 창호 하부 면의 방수층을 재시공하고 테라스에 전동식어닝을 설치하여 유입 우수량을 축소한다.

옥상 원인 배수구를 폐공 처리하여 에어컨 배관과 옥상 배관을 분리한다. 폐공에 따른 옥상 배수 능력을 보완하기 위해 배수구 및 배관을 추가 신설한다. 다른 곳은 신설의 어려움을 고려하여 오버플로우 배관을 추가로 신설한다.

1) 보통 설문조사는 건설사가 공동주택의 유지 보수를 위해 진행하는 방법이며 방수 시공 당시의 사진이나 보수 공사 이력 등의 누적 자료를 수집하기 위해 시행한다. 그러나 일반 주택과 같은 건물은 이러한 방법으로 관리되는 경우가 드물고 축적된 자료가 없어 누수 원인을 찾는 데 어려움이 있다.
2) 배수 범위 값 검토에 적용한 면적 계산식 = 바닥 면적 + (외벽면적 X 1/2)

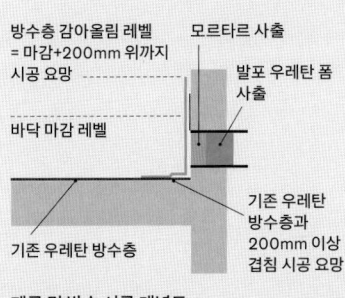

폐공 및 방수 시공 개념도

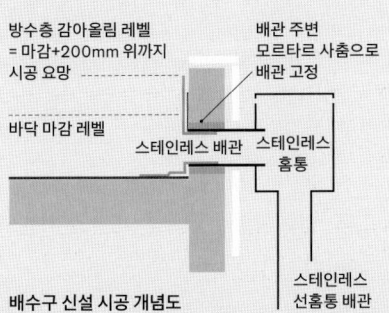

배수구 신설 시공 개념도

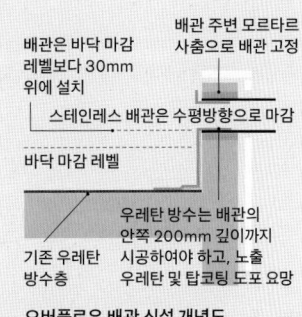

오버플로우 배관 신설 개념도

ISSUE 7

방수 기술,
현재 어디까지 왔을까

1쪽부터 책을 꼼꼼히 읽어온 독자라면 방수 기술이 오늘날 건축이 가는 방향을 따라 부지런히 쫓아왔음을 느꼈을 것이다. 탄소중립, 스마트 시공 등 건축계의 화두가 방수계에도 존재한다. 그러나 어쩐지 늘 한 발 뒤처진 느낌을 지울 수 없다. 그 이유를 묻자 오상근 서울과학기술대학교 교수는 "설계도서, 견적서 등에서 만년 후순위로 다뤄진 지 오래다. 방수 기술이 더욱더 발전하기 위해서 인식의 전환이 필요한 이유"라고 꼬집었다. 그는 국내 1호 방수 박사로 방수 재료 및 기술에 대한 국가표준 및 국제표준을 제·개정을 한 선도자다. 그와 오늘날 방수 기술의 위상과 최신 동향에 대해 이야기 나눴다.

-
인터뷰 윤솔희
인터뷰이 **오상근** 서울과학기술대학교 교수

감씨(감): 검색엔진에 '방수공법'을 검색하니 '친환경 방수공법', '스마트 방수공법' 등의 게시글이 나왔다. 건축계가 주목하는 이슈와 같은 방향이란 생각이 들었다.
오상근(오): 건축물과 방수란 뗄 수 없는 관계이니 당연한 이치가 아닐까. 스마트, 탄소중립, 중대재해예방, ESG 경영 등이 방수계에서도 뜨거운 주제이다. 2023년 10월에 열린 제8회 한·중·일 방수 심포지엄의 주제 역시 'AI, 스마트, 탄소중립 시대의 방수기술 방향과 한·중·일 3개국의 협력방안'이었다.

감: 그러나 방수란 주제와 각 키워드를 연관해 상상하기가 어렵다. 실제 현장의 변화도 있는가?
오: 물론이다. 예를 들어 스마트 키워드를 보면 더욱더 고도화되고 있는 스프레이 분사 방식의 도막방수 시공법이나 방수 시트재와 도막재의 일체화처럼 시공 간편화, 효율화가 대세다. 그럴 수밖에 없는 이유가 있는데 바로 건설 현장에 일할 사람이 없어지고 있기 때문이다. 이는 청년 인구 감소와 직결되는 부분이 아닌가. 업계에서는 쉽게, 더 많이 작업 능률을 높일 수 있는 방식을 골몰할 수밖에 없다. 또한 환경적인 영향도 고려 대상이다. 옛날에는 현장 한쪽에 큰 벽돌을 쌓아 가마를 만들고 용융아스팔트를 즉시 제작해 쓰는 일이 흔했다. 액상 재료들을 고온에 끓이는 과정에는 화재, 화상 등 사고, 유해가스 방출, 환경 오염 등의 위험 요소가 늘 공존했는데, 요즘에는 성능 좋은 용융가마를 쉽게 구할 수 있다. 사고 위험성이 현저히 줄고 재료들이 용융가마에서 완전 연소를 하므로 탄소 배출량도 낮출 수 있어 환영받는다.

감: 2023년은 전국이 물난리를 겪은 해였다고 기억할 정도로 폭우 빈도가 높았다. 기후변화로 인해 방수에 대한 관심도 높아졌을 것 같은데 분위기가 달라졌음을 느끼고 있는가?
오: 1년 치 강수량이 하루 만에 쏟아져 도시가 무너져버린 중동의 리비아 사례에서 느낄 수 있듯 기후변화는 우리 도시에 예기치 못한 영향을 가져온다. 지난 1년은 우리나라 역시 폭우에 대한 방수 대비가 더 강력히 필요함을 느낀 한 해였다. 개인적으로 관련된 문의나 인터뷰 제의를 많이 받았다.

감: 오늘의 현실을 인식하는 게 방수업계에 새로운 변화를 가져올 수 있을까?
오: 안타깝지만 아주 미미한 변화만 있으리라 예상한다. 이유는 우리 모두가 방수를 대하는 데 있어 고질적인 병을 앓고 있기 때문이다. 비가 왔다 안 왔다 하듯 물이 샜다 안 샜다 하니까 누수를 철저히 대비하고 방수를 관리해야겠다는 중요성, 시급성이 시들하다. 게다가 방수 시공의 완결성, 누수 하자의 심각성을 눈으로 즉각 확인하기도 어렵다. 이러한 특징은 결과적으로 방치 또는 외면으로 드러난다. 무엇보다 개인 일이라고 여기지 않나. 옆집 문제이지 내 문제라고 생각하지 않는다. 그러니 혼자 싸워야 하므로 적당히 하고 만다.

영동대로 지하공간 복합개발 조감도. 지하공간 조성 사업이 많아지는 만큼 방수설계, 방수공사의 연구 심화 및 고도화가 필수적이다.

건축 현장의 안전이 더욱더 중요해지며 시공하기 까다롭고 위험한 부분에는 로봇을 더욱더 도입하게 될 것이다.

감: 안타까운 일이다. 그로 인한 피해는 거주자의 몫으로 남을 텐데 말이다.

오: 그렇기 때문에 요즘 공동주택을 대상으로 한 '하자 기획소송'이 빈번한 것이다. 변호사가 오히려 거주자나 관리자를 통해 누수 지점을 알음알음 알아낸 뒤 시공사에 하자 소송을 추진한다. 문제는 승소로 받은 손해배상금을 누수를 고치는 데 쓰지 않고 나눠 갖는 데에서 끝난다는 것이다. 이것을 문제라고 생각하는 사람이 많지 않다. 결국 이 매듭을 풀기 위해서는 우리 먼저, 즉 거주자들이 집에 대한 개념과 인식을 달리해야 한다.

감: 그렇다면 전문가가 봤을 때 집에 대한 대중의 인식과 그에 따른 방수의 위상은 현재 어떠한가? 이 지점을 제대로 아는 것부터 방수의 미래를 준비할 수 있을 것 같다.

오: 국내 전문가가 방수공법 신기술을 지금도 개발 중이지만 현장에서 찾아보기는 드문 이유와 같은데 방수를 돈으로만 재단하는 태도를 바꿔야 한다. 소비자(건축주)는 싸게 잘 짓는 것을 으뜸으로 치는데, 미안하지만 그런 일은 정말 드물다. 거의 없다고 봐야 한다. 그러므로 겉으로 아름답고 예쁜 건물 말고 속까지 건강하고 편안한 곳을 만들려는 의지가 진실로 필요하다. 그런 의지가 있으면 상황에 맞게 적절히 투자할 수 있는 태도가 길러질 수 있다. 통상적으로 건설 공사에서 방수 공정이 차지하는 공사비는 전체의 1~3% 정도로 알려져 있는데, 더 높아져야 할 것이다. 그러기 위해서는 소비자(건축주)가 스스로 공부하고 배워야 한다. 초등학교 다닐 때 우리나라는 사계절이 뚜렷해 좋다고만 배웠지 않나. 그때에 사계절이 있으므로 집 짓고 생활하는 데에 관리 비용이 많이 드니 성능 좋은 집을 만들어야 한다는 공부를 열심히 하자는 얘기도 있었어야 한다.

감: 「공동주택 지하구조물 누수 예방 및 유지관리를 위한 전문 매뉴얼」, 「구조물 부위별, 재료별 표준 방수 설계 기준」 발간에 참여했다. 비교적 최근인데, 이러한 매뉴얼이 이전까지 없었던 것인가? 당시 연구 배경 등을 소개해달라.

오: 모두 2014년에 출발한 국토교통부 '주거복지 구현을 위한 생활밀착형 공동주택 성능 향상 기술개발' 연구의 일환이었다. 서울과학기술대학교 산학협력단(연구책임자 오상근)에서 약 7년의 연구 끝에 발간한 내용인데, 당시 사회적 논의에 따라 공동주택의 층간소음 저감, 실내공기질 향상, 결로 방지, 누수 방지가 생활밀착형 개발과제로 선정되었다. 매뉴얼을 만든다는 건 공동의 이해 기반을 다질 뿐만 아니라 앞으로 나아갈 출발점을 정했다는 뜻에서 의의가 있다고 생각한다. 각 보고서는 방수 개념 정의부터 방수공사 하자 및 누수 유형, 시공 전후 실무 체크포인트 등을 담고 있으니 전문가분들이 많이 봐주시면 좋겠다. 두 파일 모두 국토교통부, 건설기술정보시스템, 한국건설방수학회에서 누구든지 무료로 다운로드할 수 있다.

감: 지하구조물 방수설계법에 어떠한 내용이 있나? 예를 들어준다면?

오: 도시의 친환경성이 중요해지면서 각광받고 있는 인공지반 녹화 디자인을 예로 들겠다. 지하 고속도로나 지하주차장 상부를 인공 정원으로 가꾸는 게 주요 개념인데, 이를 위한 방수방근 공법으로 '구리 방근시트와 아스팔트 도막방수재 이용법', '자착식 방근시트와 FRP도막재 이용법', '무기질 탄성도막이 일체화된 합성고분자 방근시트 이용법', '자착식 PET방근시트와 고경질 도막재 이용법', '수산화동이 혼입된 방근혼화재를 적용한 콘크리트 이용법' 등의 활용을 기술했다. 각 공법의 재료 설명부터 자재 품질 관리법, 배합설계, 시공 전 점검사항, 시공 후 점검사항 등이 수록되어 있다.

1
바다 위 '부유 도시'란 개념으로 디자인된 도겐 시티 조감도. 에너지 생산 및 소비를 자체적으로 해결하는 도시 모델이다.

2
영동대로 지하공간 복합개발 조감도. 삼성역에서 봉은사역까지 지하 5층, 시설면적 17만 m² 규모로 개발한다. 국내 지하공간 개발 역사상 최대 규모다.

3
경부고속도로 상부 공원 조감도. 약 6만 297m² 규모로 공원이 조성될 예정이다.

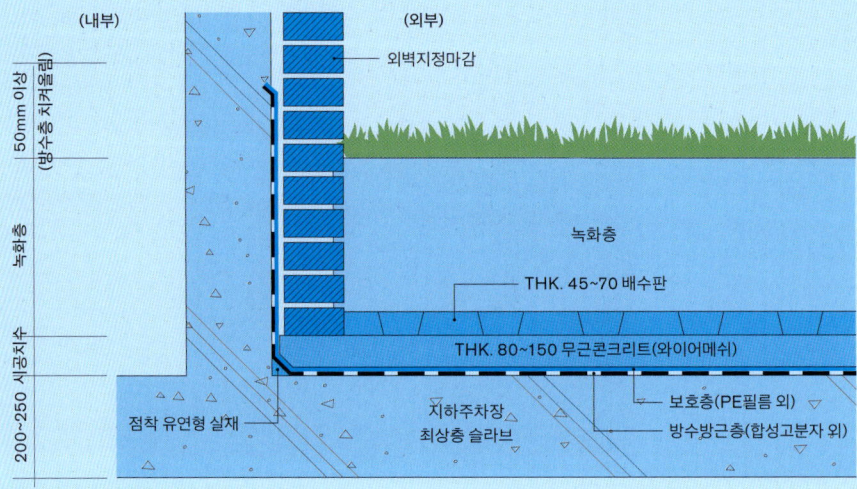

최상층 상부슬래브 녹화부 표준 방수설계(예시).
출처: 「구조물 부위별, 재료별 표준 방수 설계 기준」

감: 앞으로에 대한 전망도 듣고 싶다. 제8회 한·중·일 방수 심포지엄에서 '방수공사의 중요성과 미래 방향'란 주제로 발제를 했는데 당시 어떤 메시지를 전했나?
오: 건축설계에서 다른 성능 공사에 비해 상대적으로 홀대받는 방수의 중요성을 강조하는 데 힘을 줬다. 예를 들어 건축 정책가들이 탄소중립 정책을 이야기하며 에너지 성능만을 강조하는데 나는 방수도 핵심적 요소라고 생각한다. 여기서 방수 재료와 시공법에 걸친 탄소 배출량이 핵심일 텐데 그에 따른 많은 개발이 이뤄지고 있다. 예를 들어 공장에서 직접 제작하는 콘크리트 구조체에 방수층을 일체화시키는 방수 기술(현장 인력 절감, 공기 단축, 탄소 배출 저감 효과), 수중에서 직접 방수 시공이 가능한 습윤면 부착 방수재 방수 기술(고성능 수중 방수), 지하 100m 이상 수압에 견디고, -30도 이하에서도 굳지 않으며, 100mm 이상 거동에도 대응하는 방수 기술(고성능 지하방수) 등이 개발되어 현장에 적용되고 있다. 더불어 해양 도시(부유식 인공섬 조성), 지하 도시(생활 공간으로서 지하층 조성), 녹색 도시(인공 정원, 녹색 건축물 확대) 개발 기조에 따라 방수 기술자의 역할이 더 중요해질 것이라고 내다봤다.

감: 방수공법 신기술 개발이 활발하다고 여러 차례 언급했는데, 그와 관련된 동향을 확인할 수 있는 웹사이트가 있을까?
오: 한국건설교통신기술협회 홈페이지와 사단법인 한국건설방수학회 같은 관련 학회 또는 협회의 정기발행물을 참고하면 최신 소식을 접할 수 있을 것이다.

감: 마지막으로 요즘 눈길을 끄는 신기술이 있다면?
오: PP(폴리프로필렌) 방수시트 개발 소식을 눈여겨 보고 있다. 음식 용기를 만들 정도로 안전한 소재인 데다가 내구연한이 약 50년으로 길다. 이 시트를 콘크리트에 부착하면 콘크리트 자체가 하나의 용기가 되는 것이다. 별도의 접착제를 사용하지 않고 500도 이상의 고열로 녹여 콘크리트와 일체화하는 방식이라 특히 프리캐스트 콘크리트 공법과 만나면 시공 기간 단축까지 바라볼 수 있을 것이다. 물론 접합부 연결이 관건이겠지만 향후 스마트, 탄소중립을 한 번에 포괄하는 방수 신기술인 것 같다. 참고로 최근 2020~2023년까지 개발된 방수분야(건축) 건설신기술을 소개한다.

PP(폴리프로필렌) 방수시트는 저수조, 배수지, 정수장, 하수종말처리장 등에 적합한 내화학용 콘크리트 부식 방지 시트와 옥상/지붕용 방수시트 2종이 있다.

2020~2023년 방수분야(건축) 건설신기술 목록

출처: 한국건설교통신기술협회

지정번호	신기술명	고시일
976	PVC보강형 방수시트에 가교폼시트를 결합한 복합방수시트와 접합부에 수작업형 폴리우레아를 활용한 복합방수공법 (ALL-IN System)	2023. 12. 5.
963	수계 고무아스팔트 도막재와 아스팔트계 자착형 시트재를 석유수지 성분간 재료적 일체성을 확보한 비노출 복합방수공법(O2 System)	2023. 5. 12.
952	트리코트(Tricot) 직조방식의 PE섬유와 접합부 응력 분산형 타공 기술을 적용한 PVC시트가 일체화된 복합시트를 이용한 복합방수공법(S-Zero 복합방수시스템)	2022. 12. 23.
946	수팽창성 차수기능을 갖는 연질형 폴리우레탄을 이용한 전면 밀착 비노출 복합방수공법(Acrofix Pro SYSTEM)	2022. 11. 7.
942	메쉬 함침형 합성고분자계 시트와 폴리우레탄계 도막방수재를 적용한 접합부 2중 보강 복합방수공법(MULTITECH System)	2022. 10. 7.
941	타공 필름이 합지된 자착식 고무시트에 탄성 도막재를 도포한 부분절연형 복합방수공법(STG : SMART TOP GREEN SYSTEM)	2022. 9. 19.
937	자원 순환형 고점착 합성고무계 방수씰과 유·무기질계도막재 일체형 방수시트를 복합화한 복합방수공법(AI-System)	2022. 7. 29.
930	유동성 씰과 경량 발포폴리에틸렌 시트재를 일체화하여 바닥면에 접착시키고 광폭형 절연 테이프를 활용한 복합방수공법(WaNaB System)	2022. 4. 4.
917	고함량 부릴고무를 활용한 컴파운드와 합성고분자계 3중 교차필름을 이용한 비노출 방수공법(SMART POWER SYSTEM)	2021. 6. 24.
916	자착식 고무 아스팔트시트를 부분 부착하여 무절점 인장응력 발생을 억제한 복합방수공법(TRIPLEX System)	2021. 6. 11.
909	건조면 또는 습윤면 피막재와 수동 또는 자동 분사장비를 사용하여 벨록스 유 코트를 도포하는 초속경화 방수공법(Velox U-Coat System)	2020. 11. 30.
908	수팽창하는 아크릴레이트를 합지한 합성고분자계 시트와 도막재를 활용한 누수감지형 노출 복합방수공법	2020. 11. 6.
886	나일론 필름과 클로즈 셀 형태의 폼이 결합된 방수시트에 양 날개 접합부를 적용한 2중 보강방식의 복합방수공법	2020. 4. 17.
882	날개형 보강재와 일체화된 자착형 발포 폴리에틸렌 시트의 상·하부를 숯이 첨가된 도막 방수재로 도포한 복합방수공법(Y-Plus System)	2020. 1. 13.

오상근

오상근은 현재 서울과학기술대학교 명예교수, 연구교수이다. 국내 방수분야 1호 박사로 1996년부터 서울과학기술대학교 방수기술연구센터를 설립하여 이끌어왔다. 그는 1996년부터 한국산업표준(KS) 46종, 건축공사표준시방서 방수공사 19종을 개발(제정 및 개정)했고, 2006년부터 국제표준화기구(ISO/TC 71/SC 7/WG 3)의 컨비너(회의 주재자)로서 한국을 대표하여 콘크리트 누수 균열 보수 실무 지침(ISO TR 16475)과 누수 보수재 성능평가 시험 방법(ISO TS 16774) 등 7개의 국제 표준을 개발했다. 방수 기술 분야 활동으로 산업자원부 장관 표창(2000년), 국토교통부 장관 표창(2014년, 2020년), 환경부 장관 표창(2019년), 대통령 표창(2008년), 홍조근정 훈장(2015년), 장영실상(2016년) 등을 수상했다.

4

SUPPLEMENT

Supplement

방수 재료 제조 업체

각 회사는 특정 방수 재료의 제조와 공급에 전문화되어 있으며, 제품의 품질과 성능은 제조업체별로 차이가 있을 수 있다. 업체별 홈페이지에 게시된 내용을 참고해 유형과 제품군 특징을 파악할 수 있도록 정리했다. 더 많은 제품 정보와 기술에 관한 내용은 홈페이지를 통해 확인할 수 있다.

-
글 허보경

서울

(주)KCC

국내 최대 규모의 화학기업이자 중국, 터키, 베트남 등에 해외 생산 공장을 운영하고 있는 글로벌 기업이다. 전자·가전·전기, 선박·해양구조물, 건축, 플랜트 설비를 중심으로 유·무기 및 복합소재, 도료, 단열재를 연구 개발하고 생산한다. 정밀화학 전 분야를 연구하는 중앙연구소가 있으며, 방수 관련 생산 공장은 안성, 울산, 전주에 위치해 있다.

연락처	02-3480-5000
홈페이지	https://www.kccworld.co.kr/
주소	(서울본사) 서울특별시 서초구 사평대로 344
주요 제품 유형	**우레탄 페인트(상도/중도/하도)** · 종류: 노출 및 비노출 방수재, 수직면 용도, 바닥면 용도, 쉽글 용도, 1액형 등 **에폭시 페인트(상도/중도/하도)** · 종류: 하드너, 라이닝, 엠보, 레진모르타르, 마블, 코팅 등

(주)고와스방수

1973년 수용성 아스팔트 방수재 '포루마' 생산을 시작으로 35년간 방수재만 전문 생산해온 회사이다. 이 회사에서 1989년 개발한 고무아스팔트 도막 방수재 '고와스'는 단일 상표 제품군 중에서 국내에 가장 넓게 이용되고 있다.

연락처	02-290-9200
홈페이지	http://www.bangsuwang.com/
주소	서울특별시 용산구 한남대로 11길 12(한남동, 고와스빌딩)
주요 제품 유형	**포루마** 수성 페인트와 같이 시멘트, 물과 혼합하여 사용하는 수용성 아스팔트 방수재다. 아파트 옥상과 지하 외벽 등 외부 방수에 적용할 수 있다. **고와스** 발코니, 화장실 주요 균열 발생 부위인 코너, 파이프 주변, 드레인 주변을 도막 방수로 보강할 수 있는 아스팔트 도막방수재. 별도의 프라이머가 필요 없고 모르타르 혼합도 가능하다. **하이고와스** 고농도 제품이므로 방수층 두께 형성이 용이하고 수분함량이 적어 도막 건조 시 기포 발생이 적다. 진동과 균열이 심한 옥상, 지하 외벽, 지하주차장 상부, 지하철 등에 적용할 수 있다. **고와스콘** 작업이 간편한 제형으로 시공 후 48시간 뒤에 보행이 가능하다. 내마모성이 뛰어나 외부충격으로 인한 균열 발생이 적어 지게차 운행이 잦은 창고나 공장 바닥재로 적합하다. **포시몰** 변화하는 시장 흐름에 맞추어 물성을 개량하여 개발한 고무 라텍스계 모르타르 방수재이다. 현장에서 소포제나 물 등을 별도로 가하지 않고 그대로 사용할 수 있다. 인장강도, 휨강도, 변형저항 능력, 탄성, 접착능력이 탁월하고 재료분리에 대한 저항성이 뛰어나다.

주요 제품 유형	**포시몰파워** 포시몰을 개량하여 방수 성능을 보강하고 시공법도 도막식으로 바꾸어 발전시킨 제품이다. 화장실 벽면 및 바닥, 발코니, 다용도실, 주방 등의 비노출 방수공법에 적용할 수 있다. **실카투** 국내 침투성 방수재의 효시인 무란새(덴마크 제품)를 1987년부터 수입·판매·시공해오다 연구를 통해 국산화하고 단점을 보완해 침투성 방수재로 개발한 제품이다. 콘크리트 구체에 침투하여 모관과 공극을 메워 구체를 수밀하게 방수하는 특징이 있다. 또한, 도막이 구체와 일체화 되어 강력한 부착력이 형성되므로 외부의 강한 수압에서도 방수성능이 유지된다.

리뉴시스템 Renew system

1999년에 설립된 건축, 토목 구조물의 완전 방수를 추구하는 기업이다. 솔루션으로는 폴리아스 공법, AI공법, 방수·방근(녹화) 공법, 온통 GTR 공법, CIP 합벽 방수 공법, 메사 쉴드 공법, 방수층재형성 공법, NCW 공법을 보유하고 있다. 제품 군으로는 상도, 중도, 하도부터 바탕조정재와 방수테이프, 시트까지 제공한다.

연락처	(리뉴시스템) 02-414-0700
홈페이지	(리뉴시스템) https://www.re-new.co.kr/ (리뉴시스템 누수보수) https://www.leakagerepair.co.kr/
주소	(본사) 서울특별시 마포구 성암로 189 DMC타워 405호(상암동) (공장, 연구소) 경기도 여주시 북내면 외재로216-42
주요 제품 유형	**터보씰** Turbo-Seal 반영구적 고점착 유연형, 자가 치유력을 가진 겔 타입의 방수재이며 종류로는 건축, 토목 구조물 방수재, 옥상구조물 누수보수재, 지하구조물 누수보수재, 합벽구조물 도막 방수재 등이 있다. **터보시트** Turbo Sheet 개량 아스팔트 비노출 복층 방수용 시트이고 영하 15~10에서도 잔금이 생기거나 반복적인 피로를 가해도 파단이 생기지 않는다. **Pre-GTR 역타설 방수시트** Pre-GTR Bond Up Membrane Sheet 「저탄소 녹색성장 기본법」성능에 부합하는 친환경 무기질계 변성폴리머를 활용한 콘크리트 타설 일체부착형 도막 방수시트다. 방수층 형성 후 콘크리트 타설에 따른 구조물과의 일체화 부착이 가능하다. **터보시트 GTR 1000** TurboSheet 친환경 고점착 유연형 재생고무와 멤브레인 시트를 일체화시킨 자착형 복합방수시트다. 강한 접착력으로 인해 시트 들뜸을 억제할 수 있다. **터보시트 GTR 2000** TurboSheet 「저탄소 녹색성장 기본법」성능에 부합하는 친환경 고점착 유연형 재생고무와 멤브레인 시트를 일체화시킨 복합방수시트다. 바탕면에 직접 점착시키는 공법이기에 작업의 간편화에 따른 공기 단축 효과를 기대할 수 있고 밀폐된 공간에서 작업자의 안전성 확보가 가능하다. **터보시트 GTR 3000** TurboSheet 고점착 유연형의 겔과 SBS(Styrene-Butadiene-Styrene) 개질고무아스팔트가 융합된 일체화 복합방수시트다. 시트 간 접합부 처리에 있어 열공법을 사용하지 않고 바로 점착하여 자체접착 시키는 공법으로 시공이 간편하여 비숙련공도 시공이 가능하다.
주요 제품 유형	**에코방근시트** Eco Green Roof Sheet 99.9% 구리 성분 함유로 식물의 뿌리가 방근층을 침투하지 못하게 하는 고방근 성능의 시트다. 옥상조경, 지하주차장 상부공원화 사업 등에 적용할 수 있다. **AI시트** All-Integration Sheet 단열 및 차열 성능을 가진 롤형의 방수 시트다. 영하 15~10도에서도 잔금이 생기거나 반복적인 피로를 가해도 파단이 생기지 않는다. **GT Lock** 기능성 무기질 재료를 이용한 친환경 퍼티재로서 탄성 재료로 균열발생 대응이 가능하고 양생기간이 짧아 후속 공정이 용이하다. 화장실 방수 혹은 다양한 취약부의 보수/보강재로 적용할 수 있다. **GTR Gel Stick** 구조물의 거동 및 진동에 대응성과 내화학성이 우수한 보강용 방수재다. 바닥/벽체 코너, 철근/철골/파일부, 구조물 조인트, 기타 균열부에 적용할 수 있다. **터보테이프** EMS Tape 고탄성, 고신율의 폴리우레탄 필름과 고점착유연형 GTR도막재의 일체화 방수테이프다. 자착형으로 누구나 간편하게 시공할 수 있고 특수처리 마감으로 각종 도막재 마감이 가능하다. **방수방식 하도NCW-P** 구조물의 내구성과 완전성 확보가 가능한 방수방식 공법이다. 콘크리트 구조물의 미세균열 및 표면 공극부에 침투하여 공극을 메워주며, 바탕 조정재와의 접착이 용이하게 한다. 정수지, 배수지, 오폐수 처리장, 수영장, 아파트 물탱크 등 콘크리트 수처리 구조물에 적용할 수 있다. **바탕조정재NCW-M** 구조물의 내구성과 완전성 확보가 가능한 방수방식 공법이다. 특수모르타르를 혼합한 바탕 조정재로 콘크리트 구조물의 균열 및 표면 공극을 메워 균일한 후도막을 형성하게 한다. **방수방식 중도NCW-1000** 구조물의 내구성과 완전성 확보가 가능한 방수방식 공법으로 후도막과의 접착을 용이하게 한다. 콘크리트와의 강력한 부착력으로 콘크리트 백화현상 방지 및 열화인자를 차단한다. **방수방식 상도NCW-2000** 구조물의 내구성과 완전성 확보가 가능한 방수방식 공법이며 콘크리트를 열화시키는 유해인자를 차단하여 구조물의 장기 내구성을 향상시키고 우수한 내후성으로 장기간 수려한 미관을 유지시킨다.

삼화페인트공업(주)

페인트를 전문으로 제조 및 생산하는 기업으로 중국, 베트남, 인도 등에 생산 및 판매 법인회사가 있다. 말레이시아 쿠알라룸푸르에 설립한 법인회사에서 건축용 도료와 바닥 방수용 도료를 전문으로 판매한다. 최근 더위와 장마를 예방할 수 있는 건축용 차열·방수페인트 '쿨앤세이브'를 개발하기도 했다.
한편, 대중을 대상으로 웹 교육을 제공하기도 한다. 옥상 방수페인트 셀프 시공 방법, 차열·단열 방수 바닥재 종류와 특징 등 기초부터 전문가 과정까지 배울 수 있다는 장점이 있다.

연락처	(서울본사) 02-765-3641 (안산공장) 031-499-0394 (안산제2공장) 031-494-9434 (공주공장) 041-855-8242 (김해공장) 055-343-1951
홈페이지	https://samhwa.com/

주소	(서울본사) 서울특별시 종로구 돈화문로 58 (묘동) (안산공장) 경기도 안산시 단원구 별망로 178 (성곡동) (안산제2공장) 경기도 안산시 단원구 첨단로297 (성곡동 681-2) (공주공장) 충청남도 공주시 탄천면 탄천산업단지길 33-5 (김해공장) 경상남도 김해시 한림면 김해대로927번길 332
주요 제품 유형	**그린방수마스터(상도/중도/하도)** **에포코트(상도/중도/하도)** **원샷탄** 각종 건축물의 콘크리트, 블록, 벽돌 등 방수가 요구되는 면 **싱글방수마스터** 아스팔트 쉬글 지붕의 보수용 도료 **우레코트고경질** 각종 사무실, 식당, 학교, 병원 등의 실내 복도 및 실내외 주차장, 복합시설물, 다목적구장 등의 방진 바닥재용 **슈퍼크리트** 냉동창고, 식품공장, 식가공공장, 제약공장, 주방, 병원 등의 바닥 및 주차장 **비노출 타르방수탄** 욕실, 화장실, 하수종말처리장, 정화조용 등의 비노출형 방수재 **슈퍼에폭씰** 건축물 내외부 시멘트, 콘크리트 바닥, 벽면의 크랙보수 및 메꿈, 각종 조인트 충진용 **컬러데코플로어** 카페, 호텔, 전시장, 빌딩 등의 내부 실내 인테리어용 방진 바닥용 도료

한국바스프 BASF

1865년 독일에서 설립된 회사로 현재 본사는 루트비히스하펜Ludwigshafen에 있으며 한국바스프는 1954년에 조성됐다. 화학물질, 기능성 소재, 화학제품 등 산업용 솔루션, 방수 등의 표면 기술, 영양, 농업 솔루션까지 6개 분야를 다룬다.

연락처	(서울사무소) 02-3707-3100 (동탄 기술연구소) 031-8077-0000 (여수공장) 061-680-7000 (울산 화성공장) 052-278-2000
홈페이지	https://www.basf.com/kr/ko.html
주소	(서울사무소) 서울특별시 중구 세종대로 39 대한상공회의소 빌딩 15-16층 (동탄 기술연구소) 경기도 화성시 삼성1로2길 39 (여수공장) 전라남도 여수시 여수산단2로 284 (울산 화성공장) 울산광역시 남구 신여천로 27
주요 제품 유형	폴리우레탄의 주원료인 메틸렌 디페닐 디이소시아네이트(MDI, Methylene diphenyl diisocyanate)나 레진, 경화제 등의 첨가제 및 수지를 생산하여 다양한 분야의 제품에 적용 및 활용할 수 있도록 제공한다. 방수 관련 제품으로는 2019년 인천국제공항 제2여객 터미널 지붕 방수에 적용된 바스프 첨가제 패키지가 있다. 이 패키지는 티누빈Tinuvin 광안정제와 이가스탭Irgastab 산화방지제로 구성되며 ㈜원풍의 지붕방수재 '슈퍼가드SuperGuard'에 적용된 제품이다. **티누빈** 자외선을 차단하고 균열 방지 성능을 갖췄다. **이가스탭** 장기적인 내구성과 폴리머 특성의 무결성을 유지하도록 돕는다. 플라스틱에 응용할 수 있다.

경기

노루페인트 NOROO

국내 최대 규모의 종합정밀화학기업이며 중국과 아시아, 유럽, 미국, 중동에 계열사 및 관계사를 두고 있는 글로벌 기업이다. 사업 분야로는 건축, 프리미엄 인테리어, 자동차보수, 중방식, 바닥·방수, 전자·가전·모바일, 에너지세이버 쿨루프, 코일코팅을 다루고 있다. 방수재로는 옥상 노출용 크린탄Cleanthane 시리즈, 비노출 방수재 블랙탄Blackthane 시리즈, 폴리우레아계 바닥·방수재 프로테크Proteck 시리즈, 크린폭시 시리즈, 노루웨이NOROO WAY 시리즈가 있다.

연락처	(안양본사) 031-467-6114 (칠서공장) 055-586-2300
홈페이지	https://www.noroopaint.com/kor/
주소	(안양본사) 경기도 안양시 만안구 박달로 351
주요 제품 유형	**바닥재(상도/중도/하도)** · 종류: 프라이머, 라이닝, 에폭시, 경질/고경질/반경질/연질/초고경질, 콘크리트 바탕 조정재, 코팅 · 기타: 몰딩재, 콘크리트 강화제, 테니스 하드코트 바닥재, 빈티지 바닥용, 자전거 전용 도료용 등 **방수재(상도/중도/하도)** · 종류: 탄성우레탄, 아스팔트, 수용성 에폭시, 옥상 방수용, 비노출, 아스팔트 쉬굴, 폴리우레아 · 기타: 실란트, 바탕조정재

시카코리아(주) Sika

1910년 스위스에서 창립하여 현재 스위스 바르Baar에 본사를 두고 있다. 건축 분야 및 자동차 산업에서 접합, 씰링, 댐핑, 보강 및 보호를 위한 시스템과 제품을 개발 및 생산하는 전문 화학회사다. 시카코리아㈜는 2012년 터널 방수시트 제조회사와 2014년 에폭시 바닥재 및 우레탄 방수재 제조회사를 인수 합병하여 방수 사업 분야를 확장했다.

연락처	(본사) 031-8056-7777 (서울사무소) 02-6912-1500
홈페이지	https://kor.sika.com/
주소	(본사) 경기도 안성시 미양면 안성맞춤대로 724 (구수리 304) (서울사무소) 서울특별시 강남구 논현로 135길 16 (논현동 35-8)
주요 제품 유형	**바닥 방수재** · 습기 경화형 도료 · 폴리우레탄 중도 코팅 · 우레탄 상도 코팅 · 규산질계 분말형 도포 방수재(침투성 방수재) · 폴리머 무기질 탄성 도막 방수재 **옥외 방수재** · 분말 형태의 초급결 지수재 · 쉬글전용 탄성도막 방수재 · 다목적 아크릴 방수재 · 고함량 에멀전 수성 방수재 · 수성 발수제 · 폴리우레아/폴리우레탄 하이브리드 중도 도료 · 고경질의 우레아 도료

악조노벨분체도료(주)

악조노벨AkzoNobel은 1994년에 설립된 네덜란드 기반의 화학기업이며 현재 본사는 암스테르담에 있다. 사업 분야로는 선박, 석유화학 공장 및 발전소의 설비, 항공기, 자동차 내외장재, 가전 제품, IT 제품 등에 적용할 수 있는 코팅 도료 제조 등이 있다. 71개의 브랜드를 운영하며, 방수와 관련하여 대표적으로 목재 전문의 발수·방수 도료를 제조하는 Xyladecor, xylazel, 분말 형태의 도료를 제조하는 Intepon가 있다. 악조노벨의 건축용 분체 도료인 Interpon D는 포스터 앤드 파트너스Foster+Partners의 세이지 게이츠헤드Sage Gateshead에 적용된 제품이다.

한국 법인 회사로는 부산의 ㈜아이피케이, 경기도 안산의 악조노벨 인더스트리얼 코팅 유한회사, 악조노벨분체도료㈜가 있고 그중 건축 악조노벨분체도료㈜가 건축 관련 제품을 취급한다.

연락처	(악조노벨분체도료㈜) 031-488-5727~30
홈페이지	(악조노벨) https://www.akzonobel.com/en (악조노벨분체도료㈜) https://www.interpon.com/kr
주소	악조노벨분체도료㈜ 경기도 안산시 단원구 첨단로 181번길 49
주요 제품 유형	Interpon D 건축용 분체 도료(폴리에스터 경화제 종류) 표준 내구성부터 다양한 질감과 특수 효과까지 적용할 수 있다는 특징이 있다. 창문 및 문, 외벽, 펜스, 천장 타일, 난간 및 핸드 레일, 베란다, 온실 등 다양한 부위에 적용할 수 있다.

충남

Tremco CPG Korea

트렘코Tremco는 1928년 미국 오하이오 클리블랜드에서 설립된 건축자재 전문 회사로 Tremco CPG의 사업부는 방수, 바닥, 외장, 토목, 콘크리트, 내화 총 6개가 있다.

연락처	(Tremco CPG Korea) 041-532-2942
홈페이지	https://www.tremcocpg-asiapacific.com/ko-kr
주소	(Tremco CPG Korea) 충청남도 아산시 둔포면 봉재길 63번길 9
주요 제품 유형	**시멘트질 방수** Cementitious Waterproofing 콘크리트 기재를 보호하기 위한 시멘트 기반 방수 **유체 도포막** Cold Fluid Applied 스프레이나 롤러 등으로 도포할 수 있는 액체 형태의 제품 **결정질 방수** Crystalline Waterproofing 시멘트질의 혼합형 방수 화합물로써 콘크리트 기공에 침투하여 물 유입을 방지한다. **배수 매트** Drainage 필터, 고분자 필름 등 다양한 구성으로 이루어진 조립식 배수 매트 **HDPE/벤토나이트 시트** 고밀도 폴리에틸렌 필름이 부착된 방수 시트이고 수직 또는 수평, 지상 및 지하에서 사용할 수 있다. **도로용 코팅 방수재** Liquid-Applied Traffic Coatings 차량 및 보행자를 위한 고성능 방수 솔루션 제품이다. 내마모성과 방수 기능을 기본적으로 갖춘 폴리우레탄 바닥재, 코팅재 등이 있다. **프라이머** 콘크리트 표면용 침투 프라이머, 아스팔트 지붕용 프라이머 등이 있다.

	급속 경화제 PUMA Coatings 접착력, 내마모성, 방수 기능을 기본적으로 갖춘 급속 경화제로 보행자 또는 차량 통행량이 많은 도로용 제품을 주로 취급한다. **지붕 방수재** Roofing Systems 다양한 기상 조건에서 방수 성능을 유지할 수 있도록 설계된 제품이다. 폴리우레탄 코팅제, 콘크리트용 에폭시 침투 프라이머, 유리섬유 매트 등이 있다. **시트 방수재** Sheet-Applied Waterproofing 자착식 폴리머 방수시트로 콘크리트 구조물의 모든 수평면과 수직면에 부착할 수 있다. **멤브레인계 시트** Torch-Applied Sheet Membranes 역청과 폴리머 혼합물로 제조되었으며 표면 마감은 PE 필름으로 구성된 고강도의 폴리에스터 방수시트이다. 토치를 사용해 시공하는 방식이다. **지수판** Waterstops 특수 복합 PVC로 압출한 제품, 친수성 고무 스트립으로 제작된 제품, 벤토나이트 함유 제품이 있다.

한본인더스트리(주)

1998년 설립된 아스팔트 방수 전문 기업으로 공법 개발로 시작해 도막 및 시트 방수재 생산까지 분야를 확장했다.

연락처	(본사) 041-532-1707 (서울영업사무소) 02-593-4390
홈페이지	http://www.hanbon.co.kr/
주소	(본사) 충청남도 아산시 둔포면 아산밸리 북로 111-22 (서울영업사무소) 서울특별시 서초구 방배로 20길 17
주요 제품 유형	**시트방수재** · 알루미늄 방수시트: 알루미늄 필름+폴리에스터 필름+개질아스팔트 콤파운드 · 아스팔트 펠트: 폴리에스터 부직포+아스팔트 콤파운드 · 복합시트(자착식): 합성고분자계+개질아스팔트 콤파운드 · 방수·방근시트(자착식): 알루미늄 필름+폴리에스터 필름+개질아스팔트 콤파운드 · 노출형 방수시트: 아스팔트+그래뉼 입자 마감+박리지 · 아스팔트 방수시트: SBS고무 아스팔트 콤파운드+폴리에틸렌 필름+폴리에스터 부직포 **도막방수재** · 고무화 아스팔트 도막방수재(벽체/바닥용) · 고무화 아스팔트 도막방수재(젤 타입, 노출시트용) · 고무화 아스팔트 도막방수재(젤 타입, 바닥용) · 액체 고무 아스팔트 도막 방수재(보강용) · 속건성 고무 아스팔트 콤파운드Quick Drying Asphalt Compound 도막재(젤 타입, 벽체/바닥/보강용) · 일액형 방수·방근 씰(젤 타입, 보강용) · 열가소성 고무아스팔트 도막재(교면방수용) **부자재** · 아스팔트 프라이머 · (톱니흙손) 밀대 · 보강용 밀대 · (톱니흙손) 고대 · PERMA 테이프 · 누름용 철물 · 보강용 부직포 · 폴리에틸렌 절연필름

방수 관련 시공 업체 및 연구기관

업체의 본사 주소를 기준으로 지역 순으로 나열했다. 주요 공법은 홈페이지에 기술된 사업 분야를 참고해 작성했으며, 시공 사례 사진 등 더욱 자세한 사항은 각 홈페이지에서 확인할 수 있다. 앞에서 소개한 제조 업체는 본 기사에서 제외했다.

-

글 윤솔희

서울

중앙방수기업(주)

1960년에 개업했으니 약 60년을 국내 기후와 건설 환경에 맞춘 방수 기술을 연구했다고 할 수 있다. 갖가지 특허와 인증, 신기술 획득도 눈길을 끌거니와 공동주택부터 업무시설, 교육시설, 병원시설, 체육시설, 토목시설까지 분야별 다양한 규모에서 방수를 시공한 경력이 기술 완성도의 지표로 삼기 충분하다.

연락처	02-414-0700
홈페이지	https://www.re-new.co.kr/
주소	(본사) 서울특별시 서초구 사평대로56길 5 (서초동 1303-7) 아멜리아 4층 (공장) 경기도 이천시 마장면 서인천로528번길 118
주요 공법	**류-하이텍, 절연 노출형 복합방수공법** · 하이시트는 나일론 필름과 클로즈 셀의 폼이 결합된 다층 구조의 일체형 시트다. 양 날개 보강시트가 확장된 형태이므로 방수시트 간 연결 시 접합부를 탑-다운 2중 블로킹 방식으로 막을 수 있다. 이로써 누수 하자를 최소화 할 수 있다. **류-리노텍, 절연 노출형 복합방수공법** · 리노시트는 단열보완형 시트로 상면에는 부직포를 융착하고 하부면에는 통기로를 형성해 수증기나 공기 등을 탈거할 수 있도록 특수제작된 다기능 통기 완충형 시트이다. 이에 류-리노텍 공법은 방수층 부풀음 현상을 방지하고, 재질이 유연하여 작업성이 용이하며, 콘크리트 슬라브에 균열이 있어도 순응하며 방수층을 유지한다. **류-파워텍, 절연 노출형 복합방수공법** · 파워시트(엠보싱 폴리비닐시트)와 파워씰(다공성 세라믹 열가소성 수지계 고무화 아스팔트 도막방수재)을 보강, 적층하는 공법으로 구조체의 움직임이나 콘크리트 균열 시에도 순응하며 방수층을 유지하는 능력이 뛰어난 장점이 있다. 주로 외기에 있는 옥상 바닥이나 저층부 슬라브에 적용하기 이상적인 방식이다.

(주)스페이스인코

국내 특허뿐 아니라 중국, 미국, 일본, 대만, 홍콩 등 해외 특허까지 지속적으로 획득하고 있는 이들은 연구 및 개발하는 (주)스페이스인코와 시공 및 관리하는 (주)스페이스씨앤에이코리아를 함께 운영하고 있다.

연락처	02-2653-3525
홈페이지	http://www.spacekorea.co.kr/
주소	서울특별시 영등포구 경인로 775 에이스하이테크시티 3동 506호
주요 공법	**스카이아트, 인터로킹 조립식 방수공법** · 바탕체에 PVC와 페트 라미네이팅PET Laminating된 연경질 복합 반턱이음 시트를 이용하여 방수, 내오염 방지, 차열 등을 획득한다. 반턱이음은 접합부의 단차를 없애는 맞댐 조인트 방식으로 조립식 시공이고 유지 관리가 쉽다. **수비아, 도막 방수공법** · 수계의 2액형으로 스프레이 전용 장비를 이용하여 원하는 두께를 형성할 수 있다. 이로써 복잡한 구조물 형상에도 시공이 용이하다. 상온공법으로 별도의 열처리가 불필요한 점도 장점이다.

(주)방수하는사람들

폴리우레아 코팅 시공 전문 업체다. 폴리우레아 코팅이란 도막방수의 제반 단점을 해소하며 폴리에테르와 이소시아네이트 2액형 엘라스토머로서 무용성, 무촉매가 가장 큰 특징이다. 대기 중 습도, 온도에 영향을 받지 않아 사계절 언제라도 시공이 가능하다.

연락처	02-2681-9094, 010-7737-9094
홈페이지	http://방수하는사람들.kr (http://www.xn--sh1bx7bj4c60gbvgmkcv70d.kr/)
주소	경기도 광명시 연동로 20(옥길동)
주요 공법	**폴리우레아, 도막 방수공법** · 초속경형, 뛰어난 시공성, 뛰어난 신장력과 인장강도 등이 자랑인 폴리우레아는 VOC(휘발분) 함유량이 제로 또는 낮은 수준이라 오염에 주의를 요하는 시설 시공에 적합하다. **탄성우레탄, 도막 방수공법** · 이음새가 없는 연속된 방수층을 형성할 수 있다. 하지와의 접착력이 강한 탄성체이므로 하지의 팽창, 수축, 균열에 대해서도 강한 저항성이 있다. **아스텍, 외벽차열 방수코팅** · 미국환경보호국(EPA)이 인증하는 에너지 절약 프로그램에서 인증 받은 제품 아스텍 페인트를 활용한다. 건축물과 같이 호흡하는 도료이자 먼지 등 오염 방지 기능도 있어 외벽차열 방수코팅의 성능이 오래 유지된다. **폴리우레탄폼과 폴리우레아, MAX공법** · 방수와 단열을 한 번의 시공으로 마치는 경제적 공법이다. 난방비 절감과 반영구적인 내구성을 자랑한다. 바탕 청소를 한 다음 폴리우레탄폼 스프레이를 5mm 두께로 도포하고 폴리우레아 코팅을 1.5mm 더하고 탑코팅으로 마무리한다.

아하방수텍(주)

인천국제공항공사, 한국토지주택공사, 국방부 등 발주처 이름만 봐도 아하방수텍(주)의 주요 관심이 건축을 비롯해 대규모 토목 분야를 향함을 알 수 있다.

연락처	031-777-5401~2
홈페이지	http://www.a-haind.co.kr/
주소	(본사) 경기도 성남시 중원구 사기막골로 177 (공장) 충청남도 당진시 신평면 서해로 7297-9
주요 공법	**드라이 점착복합시트, 건식 공법** · 아스팔트 콤파운드를 기반으로 한 개량 아스팔트 시트와 고점착 유연형 씰재를 복합, 일체화하여 자체 공장에서 균질한 상태로 생산한 단면 또는 양면의 박막형 점착복합시트와 이를 보호하기 위한 보호재 및 점착 유연형 씰, 그리고 이를 덮는 함침용 부직포를 사용한다. **드라이 그린 점착복합시트, 비노출 방수공법** · 본 설치공법은 토목, 건축물의 외측에 적용되는 비노출 방수공법이다. 강도 보강층인 알루미늄 시트와 개량 아스팔트 및 점착유연형 방수씰재로 구성된 3중 방수라 할 수 있다. **하이브리드 점착복합시트, 하이브리드 합벽 방수공법** · CIP 흙막이 합벽 면을 바탕면으로 두고 합판과 유공패널보드를 설치한 후 롤 형태의 하이브리드 점착 복합시트를 부착하여 콘크리트와 일체성을 가지는 합벽방수 공법이다. 복합시트는 콘크리트 타설 및 미장이 가능한 규사와 고점도 씰을 일체화하여 제조한 것이다. **드라이 겔, 드라이 배면주입공법** · 기존 방수층이 손상되어 누수가 발생한 경우 구조체 배면 기존 방수층까지 천공한 후 고점착 유연형 드라이 겔을 주입하여 방수층을 재형성하는 공법이다.

주요 공법	**수비아루트, 방수·방근 복합공법** · 옥상 녹화나 지하주차장 상부 조경에 적용할 수 있는 이 공법은 수계 비경화 아스팔트 도막방수재와 방근성이 있는 스카이루트 시트를 복합한 것으로, 장기간 방수 성능을 확보할 수 있다고 한다. **스카이패널, 건식 복합방수공법** · 고분자필름을 라미네이트한 특수금속판(e-panel)과 고무화 아스팔트 시트를 접합한 조립식 건식 복합방수공법이다. 현장에서의 재료배합이 없으므로 균일한 방수층을 확보할 수 있다. **스카이루트, 방수·방근 복합공법** · PVC 시트 위에 방근성이 있는 PET 필름을 코팅한 복합 방근 시트로, 이음부에는 PET 필름 테이프를 사용하여 식물의 뿌리에 의한 영향을 미연에 방지할 수 있도록 한 재료이자 공법이다. **스카이러버, 도막 방수공법** · 콘크리트, 금속, 목재 등 다양한 재질의 방수 또는 부식 방지 목적으로 철제지붕, 지하 외방수, 철도 교량, 연못 등의 현장에 적용할 수 있는 스프레이식이다. **스카이코트, 복합방수공법** · 스카이코트는 내열성, 내후성의 무기질 재료를 주 재료로 한 스카이파우더와 고분자 에멀전인 스카이에멀전을 혼합하여 사용한다. 이것을 적층 도포하여 방수층을 형성하는 원리인데 습윤시공이 가능하고, 누수 시 보수가 쉬운 편이다. **상하수도 방수/방식** · 토목 구조물의 부식과 침식을 방지하기 위한 공법으로 스카우디, SEPOX, GRME, UGA, PROTEC 등의 기술을 제공하고 있다.

경기

(주)리가채움

공동주택 방수공사 경험이 풍부한 (주)리가채움은 복합시트형 방수단열공법, 콘크리트 구조물 통합보수공법 특허를 보유하고 있다. 홈페이지에서 박공지붕, 평슬라브, 경사 파라펫, 도장/균열보수 등 대상 유형별로 어떠한 방수 공법을 가지고 있는지 상세하게 안내하고 있다.

연락처	031-983-6065
홈페이지	http://복합방수.com (http://xn--vh3bpok7jdny.com/)
주소	경기도 김포시 고촌읍 인항로244번길 13
주요 공법	**멀티케어, 복합시트형 방수단열공법** · 아크릴계 도막 방수재와 강한 인장력과 뛰어난 단열성 및 보온성을 지닌 멀티케어 시트(폴리에스테르 섬유)를 접합한 공법이다. 평지붕은 물론 박공지붕과 경사 파라펫 등 경사도에 상관 없이 일정한 방수층을 형성할 수 있다. **멀티케어, 방수퍼티재를 이용한 콘크리트 통합보수 공법** · 1액형 수용성 방수퍼티재를 사용하는 공법으로, 내·외부 콘크리트 벽체 및 천정의 균열 보수 및 단면 복구에 적용할 수 있다. **멀티케어, 콘크리트 구조물의 단면복구 공법** · 비금속 골재계의 무·수축 모르타르를 이용하여 내·외부 콘크리트 면의 단면 복구 및 공극 충진에 적합할 뿐만 아니라 뛰어난 작업성(고 유동성) 확보가 가능하여 고강도, 무수축, 모체면과의 일체화를 보인다.

안센

건축용 스티로폴 전문 생산업체로서 자체 평판 스티로폴 생산설비를 갖추고 있으며, 원료 입고부터 발포, 방출, 성형, 건조, 절단, 출고까지의 자동화설비를 운영한다.

연락처	031-204-3602
홈페이지	http://ansenpp.com/
주소	경기도 용인시 처인구 이동면 어진로 670번길 115
주요 공법	**ANSEN PP-301, PP시트 일체형 PC 제작 공법** · PP시트를 콘크리트 구조물에 부착해 마치 PP 소재의 용기를 만들듯 방수층을 형성한다. 한번의 설치로 반영구적 내구연한을 자랑하며 유지 관리 비용이 거의 들지 않는다. 시공 방법은 물기 제거, 바닥 정리, 시트 재단, 세라믹 도포, 시트 접착 순이다.

부산

가람건설

조립식 패널 건물을 중심으로 방수, 도장 공사 등을 진행한다. 부산, 울산, 창원 등에 사무실이 있으며 양산, 김해에 공장이 있다.

연락처	1522-2714, 010-6332-9572
홈페이지	https://blog.naver.com/0601lily6
주소	(부산) 부산광역시 수영구 남천동로10번길 10 (창원) 경상남도 창원시 의창구 중동로 78 (울산) 울산광역시 울주군 삼남읍 남상평2길 24-5
주요 공법	그라스울, 샌드위치 패널, 우레탄 패널, 홈강판 등 공장 패널의 종류에 따라 방수 공사를 진행한다. 옥상, 지붕, 창호 등 각 부분에 따라 적합한 공법을 제안하는데 거의 모든 멤브레인 방수(아스팔트방수, 시트방수, 도막방수)와 모르타르방수 서비스를 제공한다.

대전

대전특수방수

대전과 충청도를 중심으로 활동하는 방수, 페인트 전문 시공업체이다. 시트방수, 도막방수 등을 주로 하며, 누수 보수도 담당한다. 아파트, 업무시설 주차장 등 다양한 규모에서 서비스를 제공한다.

연락처	042-632-9572
홈페이지	https://blog.naver.com/zaraza7111/221908150474
주소	대전광역시 대덕구 중리서로 7-1 101호
주요 공법	**우레탄 또는 에폭시, 도막방수** · 시공할 바닥면을 정리하고 프라이머 도포 후 충분히 시간을 들여 건조한 다음 방수재를 도포하여 도막을 형성한다. 수작업으로 진행되는 공법의 특성상 섬세한 손길을 요구한다. **인젝션 그라우팅 공법** · 구조물의 균열점을 찾기 위해 누수가 발견된 지점부터 역으로 구조체 내부까지 발포제를 깊숙이 침투시켜 균열을 보수하는 시공법이다.

인천

(주)펜테크

2007년 설립된 펜테크는 지난 3년간만 하더라도 반사차열공법, 탄성복합방수공법, 외벽방수공법, 내마모성 차열성의 미끄럼방지 포장재 특허를 냈다. 오늘의 기술력을 키우고 내일의 완성도를 만들고자 노력하고 있다.

연락처	1599-7041
홈페이지	http://m.pentech.kr/
주소	(본사) 인천광역시 서구 보도진로73번길 10 (공장) 인천광역시 서구 백범로810번길 27-1
주요 공법	**루프가드 시트, 루프가드 7공정 공법** · 아크릴계 도막 방수재와 루프가드 시트(폴리에스테르)를 접합하는 복합공법으로, 차별화된 인장력, 단열성, 보온성을 인정받은 펜테크의 특허 공법이다. 기존 시공면의 철거 또는 제거 루프가드 시트로 함침하여 덧씌우는데, 크랙에 의한 하자 보수에 강력하며, 누수 억제뿐 아니라 태풍 및 기후 조건에 의한 지붕 재료의 이탈락 현상을 원천봉쇄할 수 있다. 루프가드 공법은 두께 측정 방식의 방수 공법과 달리 공정 단계로 시공 적절성 여부를 확인할 수 있어 감리가 편하다.

이파엘지종합특수방수

디자인에 한 걸음 다가선 이파엘지종합특수방수. 방수제품 또한 예술적이고 실용적일 수 있음을 자사 제품과 서비스를 통해 소개하고 있다.

연락처	032-471-6020
홈페이지	https://www.ipalg.co.kr/
주소	인천광역시 남동구 구월남로327번길 52
주요 공법	**트라이슈머 아트패션시트 외벽 리모델링 방수시스템** · 자체 제작한 아트패션시트를 건축물 외벽면에 붙여 단열과 방수를 한 번에 해결한다. 디자인 시뮬레이션은 자사 디자인팀과 상의하며 조율할 수 있다. **트라이슈머 아트패션 단열복합시트 지붕방수시스템** · 작은 조각을 서로 붙여서 시공하는 슁글 공법과는 달리, 시트의 폭이 170cm로 넓기 때문에 최소한의 이음매로 시공 가능하다. 또 다른 매력은 단열 기능이다. 트라이슈머 단열 베이스카펫을 바닥에 깔고 그 위에 트라이슈머 아트패션 단열복합시트를 절연방식으로 얹어서 시공하기 때문에 이중 단열층을 형성하여 냉·난방비 절약 효과까지 누릴 수 있다. **트라이슈머 복합시트 수영장 저수조 방수시스템** · 건식 복합방수공법으로 내열성이 우수한 특수 구조의 보강 매쉬를 이용해서 제작된 복합시트와 무용제 에폭시 탑코팅을 접목한 공법이다. 현장에서의 재료 배합이 없기 때문에 시공이 빠르고 바탕면의 상태에 관계없이 방수 품질이 균일하며, 바탕면의 균열에도 방수층이 파단되지 않아 내구성이 뛰어나다.

제주

(주)내쇼날건업

소규모 빌라부터 초등학교, 도서관, 박물관 등 다양한 규모에서 일하고 있는 (주)내쇼날건업의 주요 업역은 방수 공사, 도장 공사, 타일공사 등이다.

연락처	064-727-9800
홈페이지	https://m.blog.naver.com/national90
주소	제주 제주시 오남로 222 2층
주요 공법	**폴리우레아, 도막방수** · 초속경화란 장점 덕분에 다양한 건축물, 토목 현장에서 폴리우레아를 활용한 도막방수를 자주 찾아볼 수 있다. 폴리우레아 전용 도포 건으로 시공한다. **우레탄, 도막방수** · 마찬가지로 도포하는 공법이기 때문에 평면은 물론 여러 형태의 지붕, 튀어나온 덩어리 부분에도 간단하게 시공할 수 있다. 내구성, 내한성, 내수성이 우수하다.

연구기관

국가건설기준센터

국가건설기준센터는 「건설기술진흥법」 제44조의2를 근거로 설립되었으며, 건설공사의 설계 또는 시공 시에 준수해야 하는 건설기준의 제정 또는 개정 등을 하고 있다.

연락처	kcsc@kict.re.kr
홈페이지	https://www.kcsc.re.kr/
주소	경기도 고양시 일산서구 고양대로 283
주요 분야	**건설기준코드** · 건설기준 코드체계를 통해 설계기준 또는 표준시방서에 쉽게 접근할 수 있다. 참고로 조경(KDS/KCS 34 00 00)과 건축(KDS/KCS 41 00 00) 코드는 각 괄호와 같다. **기술자료** · 「거푸집 및 동바리 해체 가이드라인」(2023), 「국가건설기준 용어집」(2022), 「배수성 아스팔트 콘크리트 포장 설계 및 시공지침」(2020) 등 표준과 기준에 관련된 사항을 확인할 수 있다.

서울과학기술대학교 방수기술연구센터

방수설계, 방수재료, 방수시공, 누수균열 보수 등에 관한 한국산업표준(KS), 국제표준(ISO), 방수공사 표준시방서, 방수신기술을 개발하고, 관련 지원 업무를 수행하고 있는 국공립품질시험기관이다.

연락처	ankiwon@nate.com
홈페이지	https://www.seoultech.ac.kr/
주소	서울특별시 노원구 공릉로 232
주요 분야	**기술 연구** · 약 50종 이상의 시험장비를 보유하고 있다. 방수재 관련 한국산업표준(KS), 국제표준(ISO)의 품질시험과 품질시험성적서의 발급하고, 건축 및 토목 분야의 각종 규격 및 표준화 연구에 참여하는 등 건축재료 시공 분야 관련 연구논문과 같은 학술연구 등을 진행하고 있다. **주력 사업** · 건설 재료, 방수공사 표준 및 시방서 제정 국가 R&D 수행 · 콘크리트 누수균열 유지관리 국제표준 제정·개정 업무 · 「건설기술진흥법」의거 국립·공립 시험기관 · 방수재 한국산업표준(KS) 품질시험 및 건설현장 방수시험 품질 평가 방수재료 및 공법 성능평가 · 상수도 시설 방수/방식 품질관리 지원 · 국가 공공시설 누수 사고 관련 진단/유지관리업무 지원 · 산학협력 건설신기술 개발 업무 · 방수산업기사, 기능사 인력 양성 교육 지원 · 글로벌 방수기술 협력 및 공동 연구

(재)한국건설생활환경시험연구원

우리 손에 들어오는 방수재, 방근재, 보수재 등이 모두 이곳 한국건설생활환경시험연구원을 거쳐 나온다. 토목 및 건축 재료의 기초물성, 구조 안전성에 대한 시험·평가와 연구 업무를 수행하고 있다.

연락처	02-2102-2500
홈페이지	https://www.kukdo.com/
주소	서울특별시 서초구 남부순환로 319길 7
주요 분야	**방수재** · 건설 구조물에 이용되는 시트방수재, 도막방수재, 시멘트계 방수재, 교면방수재 등 방수재료 및 공법특성 평가(방수성능, 온도의존성, 촉진폭로 및 옥외폭로에 의한 내구성능 내피로성능 등) **방근재** · 최근 도심을 중심으로 옥상 및 인공지반 녹화가 급격히 증가하는 추세로 방근재, 배수재, 인공토양 등 녹화시스템 구성소재에 대한 시험평가 수행 **방식재료** · 정수장, 배수지 등 먹는 물 정수/저장 시설의 방수 및 방식 재료 시험평가 수행 **내오존재료** · 상수원의 수질 악화, 먹는 물 수질 기준 강화 및 염소처리 과정에서 소독 부산물 발생 문제를 해결하는 방안으로서 정수장에 오존처리시설의 도입이 급격히 증가되고 있어 오존처리조의 내부 표면에 사용되는 내오존재료의 내오존성능 시험평가 수행

참고자료

단행본
- 대한전문건설협회 편집부, 『방수공사 핸드북』, 대한전문건설협회, 1997.
- 김재수, 『건축설비』, 서우, 2013

논문
- 김동균, 「건축물 지붕(옥상) 누수 유형 및 대책방안 제안」, 『쌍용건설 기술연구소』, 2008년. pp. 54~62.
- 곽규성, 권기주, 오상근, 「방수층 하자 유형에 따른 발생의 원인」, 『한국건축시공학회지』, 2010. pp.27-32.
- 오상근, 「건축물 방수설계 시 고려해야 할 재료 및 공법 선정에 대하여」, 『대한건축학회지』, 2007. pp.76~82.
- 이정훈, 김범수, 송제영, 김수연, 오상근, 「국내 공동주택 지하 부위별 방수설계 개선 방안」, 『한국건축시공학회지』, 2017. pp. 129~130.
- Tanaka Kyoji, 「건축방수의 관점에서 본 콘크리트」, 『한국건축시공학회』, 2003. pp.8-50.
- 배기선, 곽규성, 오상근, 「건설구조물의 누수진단을 위한 조사기술과 측정기기」, 『한국구조물진단유지관리공학회 논문집』, 2000. pp.51-61.
- 오상근, 「건축물의 누수 진단과 보수」, 『한국구조물진단유지관리공학회 논문집』, 1998. pp. 87-96.
- 박기우, 오상근, 「구체방수와 침투성 방수의 방수 성능 비교에 대한 실험적 연구」, 『한국건축시공학회학술 기술논문발표회 논문집』, 2011. pp.229-230.
- 안상로, 곽규성, 최성민, 오상근, 「[특집] 방수 공사의 종류와 시공기술의 이해」, 『한국건축시공학회지』, 2010. pp.15-26.
- 박희곤, 김광기, 김근허, 김상규, 송병창, 정상진, 「구체방수제를 혼입한 콘크리트의 기초물성에 관한연구」, 『대한건축학회 추계학술발표대회 논문집(구조계)』, 2004. pp.511-514.

기사
- 김희용, '방수, 단순마감이 아닌 물을 다스리는 일이죠', 『대한경제』, 2021년 2월 22일.

보고서
- 『방수막 시장』, 연구개발특구진흥재단, 2021.
- 김선욱, 김서원, 『미국, VOCs 함량 기준 주요 내용 및 주 별 동향』, 국제환경규제기업지원센터, 2021.
- 『건축자재 분야 해외인증 동향』, 한국화학융합시험연구원, 2018.
- 대한주택공사, 『건축공사 하자 및 예방사례_방수공사』, 한국건설기술연구원, 1991.
- 생활밀착형 공동주택 성능향상 연구단, 『부위별, 형태별 표준 방수 설계 매뉴얼』, 한국건설방수학회, 2021.
- 여남구, 유재선, 정택명, 현순호, 『콘크리트용 구체방수재와 액상형 침투 방수재의 복합사용에 의한 콘크리트 구조물의 일체화 방수공법』, 대한민국특허청 공개특허공보, 2006년 8월 23일.
- 한금석, 박영복, 김성재, 김현돈, 최영준, 『수도관 부식에 대한 잔류염소의 영향 연구』, 서울물연구원 연구리포트, 2017.12 제 8호

법령
- 상수도설계기준, 2022, 환경부 물이용기획과

웹사이트
- Xometry https://www.xometry.com/
- 국립환경과학원, 환경위성센터 https://nesc.nier.go.kr/ko/html/index.do
- 미국 연방 식품의약국(FDA) https://www.fda.gov/
- 김선동, '방수에 대해서_물 안 새는 건물을 위하여', 카카오 브런치, 2021년 8월 27일. https://brunch.co.kr/@ratm820309n85i/183
- 한국패시브건축협회 홈페이지 "4-08. 지붕의 단열 - 콘크리트 평지붕의 외단열과 방수, https://www.phiko.kr/bbs/board.php?bo_table=z3_01&wr_id=3038
- 강동구의회, 의회용어사전 '상수도처리과정', https://council.gangdong.go.kr/kr/open/term.do?keyword=%EC%83%81%EC%88%98%EB%8F%84%EC%B2%98%EB%A6%AC%EA%B3%BC%EC%A0%95
- 한국상하수도협회 홈페이지, https://www.kwwa.or.kr/

건축재료 처방전

<감 매거진GARM Magazine>은 자신의 공간을 스스로 만들 수 있는
최소한의 방법을 안내합니다. 그 시작은 건축의 가장 작은 단위인
재료에 대한 고찰입니다.
'감'은 순우리말로 재료를 뜻합니다. 감의 씨앗인 '감씨garmSSI'는
감 매거진을 만드는 에잇애플8apple의 출판 브랜드로, 당신의 공간에
적합한 재료를 소개하고 더 나아가 개인의 창조력을 현실화하는
방법을 함께 논의합니다.